Gerd-Helge Vogel

Die Entstehung des ersten deutschen Seebades Doberan-Heiligendamm

unter dem Baumeister

Carl Theodor Severin

(1763–1836)

DONATUS

Bibliografische Information der Deutschen Nationalbibliothek:
Die Deutsche Nationalbibliothek verzeichnet diese Publikation in der Deutschen Nationalbibliografie; detaillierte bibliografische Daten sind im Internet über www.dnb.de abrufbar.

Impressum

Umschlaggestaltung: Spitzenton.Design
Redaktion: DONATUS VERLAG
Verlag: DONATUS VERLAG, Niederjahna
Druck & Herstellung: Books on demand, BOD Norderstedt
ISBN: 978-3-946710-17-2
www.donatus-verlag.de

Inhaltsverzeichnis

Die erste Bauphase von Doberan-Heiligendamm (1793-1801)

Von der Idee zur Wirklichkeit

»Wer ist der hübsche junge Mann, der gleich nach dem Morgenliede sich einen lustigen Tanz aufspielen läßt«, fragte ich am ersten Tage. »Sie meinen den, der sich dort das niedliche Blumenmädchen herauslangt und die Allee mit ihr herunterwalzt? Das ist der regierende Herzog von Mecklenburg-Schwerin«, erhielt ich zur Antwort und mußte zwei-, dreimal sie mir wiederholen lassen, weil ich immerfort glaubte, falsch verstanden zu haben. Ein regierender Fürst! Es war der erste, den ich jemals in der Nähe gesehen, denn damals waren so hohe Reisende noch eine Seltenheit. Dass sie nicht mehr die Krone auf dem Haupte, das Szepter in der Hand umherspazieren, wusste ich längst, aber so durchaus herablassend und human, so ganz frei von jenem Nimbus, den ich von der äußeren Erscheinung eines solchen Gebieters über Leben und Freiheit seiner Untertanen mir unzertrennlich dachte, den hohen Herrn zu finden wäre mir nie eingefallen...".[1]

Dieser Augenzeugenbericht, den Johanna Schopenhauer (1766–1838) aus dem Jahre 1787 von den Eindrücken ihres Besuchs in Bad Pyrmont – seinerzeit *„Deutschlands erster Gesundbrunnen"*[2] und beliebtestes Modebad – vermittelt nicht nur authentisches Zeitkolorit von einer inzwischen lockeren, ungezwungenen Lebensweise des Adels und hochgestellten Bürgertums im Zeitalter des aufgeklärten Absolutismus, sondern kündet zugleich von dem lebensfrohen, leutseligen Gemüt, dem heiteren Temperament und der liberalen Gesinnung, durch die sich die Persönlichkeit des damals noch jugendlichen Herzogs Friedrich Franz I. von Mecklenburg-Schwerin (1756–1837) auszeichnete. In jener Zeit des ausklingenden 18. Jahrhunderts, als sich in ganz Europa die Vorboten eines baldigen Abgesangs des Ancien régime bemerkbar machten, lebte die mondäne Welt feudalen

---

[1] WEBER 1978, S. 215-216.
[2] HIRSCHFELD 1785, S. 94.

Luxus und Vergnügens noch einmal zu kultureller Blüte in Gestalt von Modebädern auf, die die bisherige Regierungspraxis des herrschenden Adels ablöste und in eine neue Form goss. Mehr und mehr wurden die privaten Lustschlösser der Fürsten zumindest in den Sommermonaten als Residenzen zugunsten eines langen Kuraufenthaltes an Badeorten aufgegeben, um sich in ungezwungener Geselligkeit und Lebenslust vielfältigsten Vergnügungen hingeben zu können. Hervorgerufen durch die Ideale der bürgerlichen Aufklärung, verlangte nun selbst der Adel sein Recht auf Natur und Natürlichkeit, wo er wenigstens zeitweilig an heiteren Badeorten den Belastungen des Regierens und den Regelzwängen des Hoflebens mit seinen inzwischen entleerten Repräsentationsforderungen enthoben war. Auf diese Weise entwickelten sich seit dem Ausgang des 18. Jahrhunderts überall auf dem europäischen Kontinent recht schnell noble Fürstenbäder, die sich außer als unkonventionelle Treffpunkte der eleganten Lebewelt vor allem auch als Residenzen des Frohsinns und des Glücks, aber auch der Zwanglosigkeit und heiteren Geselligkeit verstanden. Hier verband sich das Angenehme mit dem Nützlichen, da durch die Anwendung von Kuren zugleich die Gesundheit des Körpers zu profitieren schien. Die enge Verbindung von herablassender Noblesse und Distinguiertheit auf der einen Seite korrespondierte durchaus mit humanistischer Liberalität und leutseligem Populismus auf der anderen; beide Aspekte standen für das Selbstverständnis des Fürsten in der Phase des sich anbahnenden gesellschaftlichen Umbruchs und beleuchteten die Ambivalenz der damaligen kulturellen Entwicklung. Diese schlug sich nicht allein in den äußeren Lebensformen nieder; sie prägte auch das architektonische Antlitz der um 1800 wie Pilze aus dem Boden schießenden Badeorte. Ihre Konjunktur verebbte mit der endgültigen Auflösung der Feudalgesellschaft, woraus ersichtlich wird, welch enger Zusammenhang zwischen Gründung fürstlicher Kurorte als Wohnstätten des Glücks, der Vergnügungen und der Gesundheit und feudalen Lebensgewohnheiten bestand.

Unter diesen Gegebenheiten scheint es keineswegs erstaunlich zu sein, wenn Herzog Friedrich Franz I. den Vorschlägen des Rostocker Professors der Medizin, Samuel Gottlieb Vogel (1750–1837), zur An-

Abb. 1: Brustbildnis von Friedrich Franz I., Großherzog von Mecklenburg-Schwerin, Kupferstich von B. Dobeck, 1835.

legung eines Seebades an der mecklenburgischen Ostseeküste große Aufgeschlossenheit entgegenbrachte. Im Zuge der bürgerlichen Aufklärungsbewegung und der verstärkten Hinwendung zur Natur war in England die heilende Wirkung des Meerwassers, wie sie dem Volksbrauch der dortigen Küstenbewohner entsprach, für die Schulmedizin wiederentdeckt worden. Der Arzt Robert Wittie (1613–1684) hatte schon 1678 die Anwendung von Seebädern erfolgreich in Scarborough, North Yorkshire, praktiziert, so dass ihm bald andere britische

Abb. 2: Samuel Gottlieb Vogel (1750–1837),
Kupferstich von G. Bretzing, 1813.

Abb. 3: A South West View of Scarborough, Kupferstich, 1735.

Kollegen folgten.[3] Aber erst in der Mitte des 18. Jahrhunderts kam es durch die Initiativen des englischen Arztes Richard Russel (1700–1771) zur Gründung erster Badeeinrichtungen in dem Fischerdorf Brighthelmstone an der Kanalküste, aus dem sich rasch das teure Luxusbad Brighton entwickeln sollte.[4] Damit war der Grundstein zu einer unaufhaltsamen Entwicklung des modernen Badewesens gelegt. Nicht nur an der englischen Küste, ebenso in Frankreich, den Niederlanden und Italien kam es in der Folgezeit zur Einrichtung von zahlreichen Badeorten.

---

[3] Dr. Robert Wittie of Hull publizierte 1660 zunächst sein Buch „Scarborough Spaw", in dem er das Trinken der Gesundheitsquelle in Scarborough in der Saison von Mitte Mai bis Mitte September als Heilmittel gegen alle Arten von Krankheiten anpries. Etwas später begann er auch die Vorteile des Badens im Meerwasser zu proklamieren, so dass sich Scarborough schnell zu einem wichtigen Badeort entwickelte. Vgl. Sarah Harrison: Scarborough Spa and the First British Seaside Resort, in: Yorkshire Journal, Spring Issue, 2010.

[4] Dies geschah nach 1750, nachdem der Arzt Richard Russel eine Schrift über den gesundheitsfördenden Aspekt der Anwendung des Meerwassers geschrieben hatte. Russel errichtete 1753 auf dem Grundstück *Old Steine* das seinerzeit größte Gebäude von Brighthelmstone, in dem er selbst wohnte, seine Praxis unterhielt und auch die Patienten während ihres Kuraufenthaltes logierten. So zog er schnell vor allem wohlhabende Kranke an, und seit etwa 1780 entwickelte sich aus dem ehemaligen Fischerdorf ein modischer Kurort, der noch dadurch an Attraktivität gewann, dass 1786 hier der junge Prinzregent, der spätere König George IV., ein Landhaus kaufte, das er zum exotischen Royal Pavillion umbauen ließ, um einen großen Teil seiner Freizeit dort zu verbringen.

Abb. 4: Der britische Arzt Richard Russell,
Ölgemälde von Benjamin West (1721-1788), um ca. 1755.

Abb. 5: Brighton. The Front and the Chain Pier Seen in the Distance, Tuschezeichnung von Frank William Woledge, 1840.

Auch auf Deutschland blieb die Wirkung der englischen Seebäder nicht ohne Einfluss. Ohnehin besaß die englische Kultur im Zeitalter der Aufklärung wegen ihrer progressiven Tendenzen für das deutsche Bürgertum und den aufgeklärten Adel größte Faszination. So konnte es nicht ausbleiben, dass wiederholt von interessierten Laien und Medizinern der Ruf zur Nachahmung des englischen Badewesens erfolgte. Eine erste Aufforderung zur Gründung eines Seebades in Deutschland erging im Sommer 1783 an Friedrich II.von Preußen durch den ostfriesischen Pfarrer Gerhard Otto Christoph Janus (1741–1805), der auf der Nordseeinsel Juist ein Seebad einzurichten gedachte. Seinen Anregungen blieb aber zunächst die Realisierung ebenso versagt wie die Vorschläge des Lübecker Arztes Johann Georg Walbaum (1724–1799) zur Anlage eines Seebades in Travemünde sowie des Königsberger Physikus und Hofraths Johann Daniel Metzger (1739–1805) zur Errichtung eines Badeortes auf der Halbinsel Samland. Gehör fanden indessen die zahlreichen Anregungen zur Einrichtung eines Seebades in Mecklenburg. Hier hatte 1792 der Rostocker Mediziner August Gottlieb (auch: Gottlob) Weber (1762–1807) in seiner „Allgemeinen Helkologie“[5] auf den hohen therapeutischen Nutzen

[5] Der gesamte Titel lautet: Allgemeine Helkologie oder nosologisch-therapeutische Darstellung der Geschwüre. Berlin 1792.

Abb. 6: Der Arzt und Hofrat Samuel Gottlieb Vogel, Kupferstich 1822.

des Bades im Meere hingewiesen und sich verwundert gezeigt, *„dass man hier zu Lande, wo man es haben kann, von einem Mittel keinen Gebrauch machen will, das durch die Erfahrung der Engländer einen so ausgezeichneten Wert erhalten hat“.*[6]

Samuel Gottlieb Vogel (1750–1837)[7], ebenso wie Weber seit 1789 Professor der Medizin an der Rostocker Universität, zeigte sich gegenüber allen medizinischen Fortschritten sehr aufgeschlossen. Eifrig studierte er die neuesten Erkenntnisse in seiner Fachdisziplin, zeigte sich aber auch in anderer Hinsicht vielseitig interessiert. Ein besonders nachhaltiges Echo hinterließ bei Vogel ein Aufsatz des berühmten Schriftstellers und Physikers Georg Christoph Lichtenberg (1742–1799), den dieser 1793 unter dem Titel *„Warum hat Deutschland noch kein großes öffentliches Seebad?“* im *Göttingischen Taschenkalender* publiziert hatte.[8] Dort berichtete Lichtenberg aus eigenem Erleben von der wohltuenden Wirkung des Meerwassers während seiner Aufenthalte in den englischen Seebädern Margate und Deal. Lichtenbergs Vorschlag, in Cuxhaven oder auf der Insel Neuwerk ein Seebad zu gründen, fand bei vielen Medizinern große Resonanz. Der berühmte Arzt Christoph Martin Hufeland (1762–1836), seinerzeit Professor in Jena, reagierte sofort auf Lichtenbergs Aufsatz in den „Neuesten Annalen der französischen Arzneykunde und Wundarzneykunst“, wo er schrieb: *„Warum nutzt man in Deutschland noch nicht die schöne Gelegenheit, die uns unsere nördlichen Küsten dazu geben, da es doch erwiesen ist, dass das Seebad in mehreren Krankheiten fast durch nichts zu ersetzen ist? Ich wünschte*

---

6 Zitiert nach: SPARRE 1970, S. 7.

7 Der deutsche Arzt Samuel Gottlieb Vogel (*14. März 1750 in Erfurt, †19. Januar 1837 in Rostock) gilt als Vater des deutschen Seebades, nachdem er 1764 sei Medizinstudium in Göttingen begann, 1771 promovierte, sich 1776 habilitierte und später seine Karriere als Prof. und Hofrat in Rostock bzw. Doberan fortsetzte.

8 VOGEL 1794, S. 6-10.

sehr, dass der vortreffliche Aufsatz, der hierüber im Götting. Taschenkalender 1793 steht, seinen Zweck erreichen und diese Angelegenheit der Nation in Bewegung bringen möchte".[9]

In der Tat hatte die Befürwortung des Seebadens durch Weber, Lichtenberg, Hufeland und vielen anderen Vertretern der bürgerlichen Intelligenz *„die Nation in dieser Angelegenheit in Bewegung gebracht"*, so dass sich Samuel Gottlieb Vogel durch deren Autorität bestärkt sah, die Initiative zu ergreifen, um beim Landesvater den Ausbau eines Seebades zu erwirken. Am 25. August 1793 war es dann so weit, als er es wagte, dem herzoglichen Amtmann Wachenhusen in Doberan ein Schreiben zu übergeben, das dieser an dem dort erwarteten Herzog Friedrich Franz I. weiterleiten sollte. In seinem geschickt abgefassten Gesuch wies er nicht nur auf die medizinischen und humanistischen Aspekte eines solchen Seebades hin, gleichermaßen verstand er es auch, die finanziellen Vorteile hervorzukehren, die sich für das Land und den Herzog mit der Errichtung eines Badeortes an der mecklenburgischen Küste ergeben würden. Noch immer bestimmte merkantilistische Denkweise die ökonomische Zielsetzung in der spätfeudalen Gesellschaft und so dürfte es Vogel kaum größerer Überredungskunst bedurft haben, um dem Herzog von seinem geplanten Projekt zu überzeugen. Denn neben der medizinischen Indikation lagen vor allem pekuniären Vorteile auf der Hand: Die herzoglichen Ausgaben für die Kuraufenthalte in Bad Pyrmont blieben im eigenen Lande und überdies waren auf Dauer bedeutende zusätzliche Staatseinnahmen zu erwarten, die aus dem Aufwand vermögender Kurpatienten, besonders jener aus den nahen Städten Hamburg, Lübeck, Rostock und Berlin, resultierten. Wie sehr gerade diese Aussicht auf finanziellen Gewinn den Herzog für die Vorschläge geneigt machte, lässt sein Antwortschreiben erkennen, das er kurz nach seiner Ankunft in Doberan am 9. September 1793 verfasste: *„Mir sind bei meiner Anwesenheit Ihre von Ihnen schriftlich aufgesetzten Gedanken über Anlegung eines Seebades übergeben worden: ich wünsche daher, der Herr Hofrat mir darüber mögen einen Plan aufzusetzen, welchen ich nicht*

---

[9] Zitiert nach: PRIGNITZ 1986, S. 108.

verfehlen werde auf das genaueste zu prüfen, um als dann so viel als möglich zur Ausführung desselben beitragen zu können, besonders, da es mir nicht gleichgültig sein kann, manchen kranken Menschen dadurch glücklich zu machen, nicht zu gedenken, dass das Geld im Lande verzehrt wird, was auswärtige Bäder demselben entziehen. Ich erwarte daher mit Vergnügen Ihre Vorschläge in Betreff dieser heilsamen Anstalt und bin mit aufrichtiger Wertschätzung Ihr wohlaffektionierter F.F.Herz. z. M.".[10]

Schaut man auf die politische Karte Mecklenburgs in jener Zeit, so boten sich nicht viele Orte zur Errichtung eines Seebades an, zumal die komplizierte Finanzlage des Landes die Neugründung eines Badeortes – unmittelbar an der See – nicht zuließ. Wismar und die Insel Poel standen noch unter schwedischer Herrschaft, größere Küstenorte fehlten, und die vorhandenen armseligen Fischerdörfer waren verkehrsmäßig überhaupt noch nicht erschlossen. Was lag deshalb für Vogel näher, als Doberan in Vorschlag zu bringen, das zwar landeinwärts gute sechs Kilometer von der Küste entfernt lag, jedoch als kleiner Marktflecken von etwa 900 Einwohnern mit Sitz eines herzoglichen Amtes, mit Poststation, zwei Gasthöfen, dem berühmten Zisterzienserkloster und einer anmutigen Umgebung zumindest ein Minimum an infrastrukturellen Vorausetzungen für den Ausbau eines Badeortes bot. Ohnehin besaß Doberan, eingebettet in sanfte Hügel und umgeben von herrlichen Buchenwäldern, besonders für die Bürger des nahe gelegenen Rostock, als ehemaliger Wallfahrtsort schon länger Tradition als beliebte Sommerfrische und Ausflugsziel. Auch die Tatsache, dass das Münster zur Grablege vieler Fürsten des mecklenburgischen Herzogsgeschlechts diente und der noch immer reich vorhandene Reliquienschatz des längst säkularisierten Klosters für wundergläubige Menschen seine Anziehungskraft keineswegs eingebüßt hatte, schien für die Auswahl gerade dieses Fleckens als künftiger mecklenburgischer Badeort und herzoglicher Sommersitz zu sprechen. Vogel wusste zudem die mäßige Entfernung von der Küste als Vorteil zu rühmen, da sie den Patienten zur täglichen Bewegung an

---

[10] Zitiert nach: PRIGNITZ 1986, S. 108.

der frischen Luft zwang. Kurzum, Vogel gelang es, gegenüber dem Herzog die Vorzüge Doberans in den prächtigsten Farben zu schildern, wenn er darauf verwies, dass jährlich in den Sommermonaten eine *„ansehnliche Gesellschaft von Fremden“* hier anreise, *„um...Brunnen zu trinken, in der nahen See zu baden, oder sonst der Gesundheit zu pflegen“*[11], so als bedürfe es nur eines kleinen landesväterlichen Anschubs, um aus der Keimzelle des schon 1679 entdeckten Gesundbrunnens, die Blüte eines prachtvollen Kurbades entstehen zu lassen. Serenissimus Friedrich Franz I. sah sich überzeugt, nicht nur was Vogels Vorschläge anlangte: Ihm verbanden sich mit dem Ausbau Doberans zum Badeort auch ganz handfeste private Interessen. Standesgemäße Ahnenverehrung im Kloster und wiederholte Jagden in der Umgebung des Ortes hatten ihn schon wiederholt hierhergeführt und ein in Aussicht genommener Ausbau zur neuen Sommerresidenz vermochte individuelle Sehnsüchte nach geselligen Vergnügungen – befreit von höfischer Etikette – Erfüllung zu versprechen, zumal der neu zu erbauende Lustort in lieblicher Idylle den Wunsch der Zeit nach Rückzug in die Natur, in ein künstlich gebautes irdisches Paradies, verhieß. In dieser Hinsicht war Friedrich Franz I. ganz Kind seiner Zeit, dass es sich vor dem Hintergrund humanistischer Ideale der Aufklärungsbewegung erlaubte, diesen Ideen konkrete Gestalt zu verleihen, so dass er bereit war, seine Privatschatulle für den Auf- und Ausbau des ersten deutschen Seebades zu öffnen.
Zunächst wurde jedoch erst die Probe aufs Exempel gemacht. Am 8. September 1793 traf der Herzog mit Gemahlin und großem Gefolge in Doberan ein, wo er die Freuden des Bades im offenen Meer höchst persönlich prüfte. Nachdem an diesem Tage an einer zum Baden bequemen Stelle am Heiligendamm das Zelt aufgeschlagen worden war, stieg die kleine Gesellschaft in die Fluten der Ostsee und gab damit das Signal zur Begründung des Seebades.
Wie die Chronik berichtet, soll der Geheimrat von Flotow, der spätere Seebade-Intendant Doberans, der erste gewesen sein, der in die Wellen der Ostsee stieg: *„ihm folgten Serenissimus, die Herren von Moltke,*

[11] Zitiert nach: SPARRE 1970, S. 9.

Abb. 7: Johann Christoph Heinrich von Seydewitz (1748-1824), Ölgemälde von Carl Christian Seydewitz, 1822.

von Oertzen, von Rantzau, von Gersdorf und Weltzin und der Canditat Koss"[12]. Damit war die erste inoffizielle Saison des neuen Kurorts eröffnet. Die weiteren Schritte zum Ausbau des Bades wurden nun schnell in die Wege geleitet. Mangelnde Erfahrung mit der Funktion von Seebädern ließ Ausschau nach geeigneten Vorbildern halten. Noch im Oktober 1793 wurde Vogel deshalb zu einer Studienreise in mehrere deutsche Badeorte geschickt, um vor Ort die notwendigen Voraussetzungen für einen Kurbetrieb zu erkunden. In Begleitung des Bausachverständigen Johann Christoph Heinrich von Seydewitz (1748–1824) besuchte er namhafte Badeorte, *„soviel man deren in der Geschwindigkeit erreichen konnte".*[13] Bad Pyrmont, Nenndorf, Driburg und Brückenau standen unter anderem auf dem Programm. Besonders den Anlagen von Bad Pyrmont verdankte man wertvolle Anregungen, und es ist nicht auszuschließen, dass es damals bereits zu einer Begegnung mit dem im Fürstentum Waldeck beheimateten Carl Theodor Severin (1763–1836) gekommen sein mag, der kurze Zeit später in Schwerin Beschäftigung fand.

Zur Erkundung der Spezifik von Seebädern genügte jedoch die Bekanntschaft mit den deutschen Brunnenorten des Binnenlandes nicht und so führte Samuel Gottlieb Vogel die Schnellpost auch zu den Seebädern der Kanalküste, wo er ausreichend Gelegenheit fand, Badeeinrichtung und -organisation zu studieren. Die Einführung zunächst von Badeschaluppen und später -karren dürfte auf diese Erfahrung zurückzuführen sein. Außer den binnenländischen Mineralbädern gab es für Vogel keine Vorbilder, auf die er bei der Gestaltung des ersten

[12] SACHSE 1843, S. 19.
[13] Zitiert nach: SPARRE 1970, S. 11.

deutschen Seebades hätte zurückgreifen können, weshalb er bei vielen Einrichtungen auf eigene Intuition angewiesen war, was freilich nicht immer ohne Fehlschläge einherging und oft zu konzeptionellen Änderungen Anlaß gab. Wertvoll werden aber die Hinweise gewesen sein, die Vogel der Begegnung mit Georg Christoph Lichtenberg (1742–1799) verdankte, der sich als Hauptinitator des modernen Seebadewesens in den englischen Verhältnissen besonders gut auskannte. Von der Begegnung mit Vogel schrieb Lichtenberg am 12. Dezember 1793 in einem Brief: *„Bei Rostock kommt ein Seebad zustande, und zwar unter der Direktion des vortrefflichen Hofrats Vogel, der mich vor einigen Monaten besucht hat. Er hat in der Gesellschaft eines Baumeisters die hauptsächlichsten Bäder Niedersachsens bereist, und die Sache ist schon völlig in Gang“*.[14]

Abb. 8: Georg Christoph Lichtenberg, Stich um 1780.

Der Beginn der Baumaßnahmen

Tatsächlich war *„die Sache“* noch im Herbst des Jahres 1793 in Gang gekommen, denn schon im Sommer 1794 wollte der Herzog die erste Badesaison in Doberan-Heiligendamm eröffnen. Spontan kam die allmähliche Ausgestaltung des Ortes zuwege und die ersten 2000 Reichsthaler, die Serenissimus zur Verfügung stellte, wurden sogleich in Baumaßnahmen umgesetzt. Dazu gehörte in erster Linie die Anlage eines englischen Parks rings um die alte gotische Klosterkirche unmittelbar vor dem ehemaligen Amtshaus, das zunächst als Domizil für den Aufenthalt der herzoglichen Familie in Doberan gedacht war. Bis zum Einbruch des Frostes hatten die aus Ludwigslust herbeigerufe-

[14] Zitiert nach: PRIGNITZ 1986, S. 121.

Abb. 9: Doberaner Kirche mit umgebender Parklandschaft, Stich um 1855.

nen 'Gartenkünstler' mit der Gestaltung des Klostergeländes zu tun. Die erste Bauperiode Doberans, die von 1793 bis 1801 vom Ludwigsluster Hofbaumeister und Hauptmann Johann Christoph von Seydewitz geprägt wurde, nahm damit ihren Anfang.

Dass am Beginn des Ausbaus Doberans zum Badeort und zur Sommerresidenz des Herzogs die Errichtung einer Parkanlage stand, war nicht durch Zufall bestimmt. In Anlehnung an die Anlagen der erfolgreichen Mineralbäder des Binnenlandes stand von Anbeginn der Wunsch nach Schaffung einer Ideallandschaft, die Sehnsucht nach Flucht aus der Alltagswelt in eine paradiesische Idylle, im Vordergrund aller konzeptionellen Überlegungen. Christian Cay Lorenz Hirschfelds (1742–1792) „Theorie der Gartenkunst" hatte dafür erst wenige Jahre zuvor die theoretische Grundlage geboten.[15] Zwar betonte er in seinem Kapitel über die *„Gärten bei Gesundbrunnen"* die Forderung nach *„bequemen und mannichfaltigen Spaziergängen,* [...] *die zur Bewegung in der freyen Luft anreizen",* doch verband er dieses medizinische Grundpostulat von Anbeginn mit einem ästhetisch-ideologischen Programm, dass diesen Orten *„zu gesellschaftlichen Be-*

[15] HIRSCHFELD 1785, S. 85-115.

lustigungen"[16] stets auch die gestalterische Wunschwelt eines idyllischen Locus amoenus abverlangt. Der Kurort als Lustort gewinnt in seiner Abhandlung programmatische Gestalt, wenn er schreibt: *„Viele einsame Lauben und abgesonderte Schattensitze sind hier willkommen. Doch ein weit wichtigeres Erforderniß sind große umpflanzte Plätze, wo ganze Gesellschaften sich im Freyen versammeln können, wo sie am Morgen ihren Kaffee trinken, an warmen Abenden speisen, spielen, tanzen, oder sich gesellig unterreden. Diese Plätze müssen heiter, von schönen Lustgebüschen, von Rasen, von Blumengruppen, von reizenden Aussichten umgeben, und zugleich von überschatteten Laubdecken von den Strahlen der Sonne beschirmt seyn.* [...] *Alle diese Verbindungen von Bäumen, Sträuchern und Blumen stellen zusammen ein großes mannichfaltiges reizendes Gemälde dar. Eine blühende Heiterkeit der Natur, die auf allen Seiten Freude verbreitet, herrsche durch die ganze Anlage an einem Brunnenorte."* Und weiter: *„Noch gehört zu den Bedürfnissen eines Brunnenorts, dass er in den umliegenden Gegenden umher mancherley wilde Spazierwege zum Gehen, zum Reiten, zum Fahren der Brunnengäste anbiete, die längere und stärkere Bewegung und Zerstreuungen suchen. Auch sind in seiner Nähe oft Plätze nöthig, wo zur gesunden Bewegung gymnastische Übungen und allerley Spiele angestellt werden, und diese Plätze verstatten zugleich anmuthige Umpflanzungen und Verzierungen, die sich auf ihre Bestimmung beziehen. Alles was leichte und angenehme Beschäftigung giebt, was die Seele von dem Mitgefühl der körperlichen Schwachheit abzieht, was den Geist durch neue reizende Bilder erheitert, alles, was dazu beyträgt, um diesen* **inertibus horis Ducere sollicitae jucunda oblivia vitae, Horat** [17] *– dies alles gehört in den Plan der Anlagen bey Gesundheitsbrunnen."*[18]
All diese Hirschfeldschen Empfehlungen nach Horaz' Vorgaben, *„es in müßigen Stunden zu genießen, das unruhig bewegte Leben auf angenehme Weise zu vergessen"*, wurden für Friedrich Franz I. gleichsam zur Manifestation des Ausbaus von Doberan als Bade- und Residenz-

[16] HIRSCHFELD 1785, S. 85, 87, 91.
[17] Wörtlich: „Genieße in müßigen Stunden die angenehmen Vergessenheiten des unruhig bewegten Lebens" mit der Sinngebung: „Genieße es, in müßigen Stunden, das unruhig bewegte Leben auf angenehme Weise zu vergessen. Horaz".
[18] HIRSCHFELD 1785, S. 91.

ort. Mit nahezu wortwörtlicher Treue löste er in den folgenden Jahren Hirschfelds künstlerischen Ratschläge bei der Ausgestaltung von Doberan-Heiligendamm ein, denn in der Verschmelzung von Erholung, Vergnügen und Zerstreuung sah er die Grundlage seines ästhetischen Gestaltungswillens. Friedrich Franz I. legte großen Wert auf die beständige Ausweitung der gartenkünstlerischen Formung bis in die Landschaft hinein, wo nach und nach auch die Außenbezirke des Ortes, der Buchenberg und der Jungfernberg samt Amerikagehölz mit in die parkgestalterische Konzeption eingebunden wurden, vor allem was die Anlage von Spazierwegen, Lustlauben und Schattensitzen, aber auch das Freilegen *„angenehmster Aussichten"* betraf. Seine eigenen Erfahrungen von den Kuraufenthalten in Bad Pyrmont, einem heiteren Platz *„rauschender Freude und glänzender Geselligkeit"*[19], dürften hierfür in mancher Hinsicht Pate gestanden und vielfach das Vorbild für gleichgerichtete Zielstellungen abgegeben haben. Das trifft selbst für den Wunsch nach Aufhebung der äußerlichen Standesunterschiede zu, auf die Serenissimus in seiner jovialen Gemütsart allerhöchsten Wert legte, um endlich einmal des höfischen Regelzwanges ledig zu sein. Während der Sommermonate galt sein individuelles Streben nur einem Ziel: einfach nur Mensch unter Menschen sein zu wollen, so wie es den Überzeugungen des aufgeklärten Absolutismus entsprach. Denn nur unter dieser Voraussetzung konnte die Idylle der sommerlichen Kursaison, die Wunschwelt von gesellschaftlicher Harmonie, funktionieren.

Außer der gartenkünstlerischen Umgestaltung des Klostergartens samt umliegenden Geländes zum englischen Landschaftspark wurde im Herbst des Jahres 1793 für den Ausbau Doberans zum Badeort nichts mehr zuwege gebracht, sieht man von der Auswahl des Platzes für das künftige Logierhaus am 16. Dezember desselben Jahres einmal ab. Generell konnte das Projekt zur Schaffung eines Seebades – an dessen unablässigen Ausbau und Gestaltung der Landesfürst begeisterte Anteilnahme zeigte – auf Grund fehlender Erfahrungen mit einer derartigen kulturellen Einrichtung nicht von Anbeginn auf der Basis ei-

---

[19] Vgl. HIRSCHFELD 1785, S. 94-95.

Abb. 10: Der Brunnenplatz zu Pyrmont mit dem Kuppelbau des Trinkbrunnens rechts, dem vor ihm liegenden Badebrunnen und dem „Fürstlichen Logierhaus" (links hinten), Stich von Geyser nach Weitsch, 1784.

nes einheitlichen Gesamtplanes entwickelt werden. So wuchs der Badeort nur sukzessive aus der Konsequenz der wachsenden Anforderungen, die der beständige Zustrom von Badegästen mit sich brachte. Aber ungeachtet des Fehlens einer umfassenden Gesamtkonzeption für die Entwicklung des Seebades bestand von Anbeginn Einigkeit darüber, dass, genau wie in anderen Kurorten, gewisse Grundvoraussetzungen für die Durchführung von Heilbehandlungen und besonders für die Freizeitvergnügungen, für Amusement und Zerstreuung, geschaffen werden mussten, selbst wenn sie zum Teil nur als Provisorien von vorübergehender Dauer für eine Badesaison installiert werden konnten. Da Doberan mit seinen beiden Gasthöfen – dem Posthaus am Kamp und dem Landkrug ‚Lindenhof' – keineswegs über die Unterbringungskapazität verfügte, die für einen florierenden Kurbetrieb erforderlich war, stand die Errichtung eines Logierhauses an oberster Stelle auf der Prioritätenliste der neu zu errichtenden Bauten.

Abb. 11: Das von Johann Christoph von Seydewitz 1793-1796 errichtete Kurhaus am Doberaner Kamp, Postkarte um 1900.

Das Logierhaus

Schon im April des folgenden Jahres hatte von Seydewitz dafür die Pläne geliefert, die deutlich seine intensive Beschäftigung mit den Kureinrichtungen in Bad Pyrmont erkennen lassen, denn bei fehlender Erfahrung mit moderner Badearchitektur schien ihm der Rückgriff auf bewährte Traditionen in Funktion und Gestalt die sicherste Bank zu sein. Genau wie das 1777/78 in Pyrmont errichtete „Fürstliche Badelogierhaus“[20] griff auch er den Typus des langgestreckten, zweigeschossigen Fachwerkbaus mit Mansardwalmdach auf, dessen Hauptfassade durch ein dreiachsiges Zwerchhaus mit Dreiecksgiebel so akzentuiert wird, dass der Eindruck eines repräsentativen Mittelrisalits entsteht. Vergleichbare Bauten hatte von Seydewitz auch in Bad Brückenau, in Driburg oder Nenndorf studieren können und allesamt verkörpert sich in ihnen die schlichte Architektursprache des spätbarocken, stark klassizierenden Zopfstils, wie er in der zweiten Hälfte des 18. Jahrhunderts in ganz Deutschland weite Verbreitung gefunden hatte. In der Zurücknahme des Repräsentationsanspruchs zeigt sich

[20] Es wurde am Brunnenplatz als vermutlich erstes Kurhotel der Welt erbaut, in dem man nicht nur wohnen, sondern bis 1815 auch kalte und heiße Bäder nehmen konnte. Conrad Hemmerich (1743-1829) war der erste Pächter des Logierhauses.

Abb. 12: Das „Große Bade-Hotel" (ehemals „Fürstliches Logierhaus") in Bad Pyrmont, Postkarte um 1920.

in ihnen eine bürgerliche Baugesinnung von fast volkstümlicher Note, in der sich die noch unreife neue Bauaufgabe des mondänen Modebades vor dem Durchbruch zu klassischer Reife manifestierte und daher bedenkenlos zur Übernahme überlebter Gestaltungsformen aus dem Barock bereit war. Andererseits entsprach der weitgehende Verzicht auf Repräsentation der Absicht des Bauherrn, im entstehenden Bad den zwanglosen Umgang zwischen den gesellschaftlichen Schichten zu fördern und so den Eindruck von bürgerlicher Aufgeschlossenheit zu erwecken. 1796 war der Bau des Logierhauses vollendet und stand zur Aufnahme vieler Kurgäste bereit. Doch nicht nur den Übernachtungsmöglichkeiten diente das Gebäude; ebenso wurden hier die Lokale des Vergnügens untergebracht: neben dem Ess- bzw. Konversationszimmer ein Tanzsaal und ein Rauchzimmer, und selbst die Spielbank konnte hier ihr Quartier nehmen, wo man das Glück bei den Kartenspielen Pharao und Rouge et Noire, aber selbstverständlich auch beim Roulette, herausfordern konnte. Mit der Goldbank im ersten Stock des Logierhauses und der Silberbank im Posthause hatte sich Friedrich Franz I. eine beträchtliche Einnahmequelle gesichert, aus deren Erträgen der rasche Ausbau von Doberan-Heiligendamm vorangetrieben werden konnte.

Allgemeine

Baderegeln.

Zum Gebrauche

für

Badelustige überhaupt

und diejenigen insbesondere,

welche sich des Seebades in Doberan bedienen.

Durch vieljährige Erfahrung bestätigt

von

Dr. S. G. Vogel,

Grosherzogl. Mecklenburg-Schwerinschem geheimen Medicinalrathe und Leibarzte u. s. w.

Stendal,

Bei Franzen und Große, 1817.

Abb. 13: Titelseite von S(amuel) G(ottlieb) Vogels Allgemeine Baderegeln: „Zum Gebrauche für Badelustige überhaupt und diejenigen insbesondere, welche sich des Seebades bedienen", Stendal, 1817.

Abb. 14: Badeschaluppe des Seebades Doberan, Holzstich 1794.

Doch noch ehe diese Geldmittel flossen, gestalteten sich die Badesaisons der frühen Gründungsjahre auf der Basis einer bescheidenen Infrastruktur, was jedoch eines stets wachsenden Zuspruchs des ersten deutschen Seebades durch die Kurgäste keinen Abbruch tat. Im Gegenteil: Kontinuierlich wuchs von Jahr zu Jahr die Anzahl der Patienten und Gäste, wofür auch die durchdachte Organisation des Doberaner Badewesens verantwortlich zeichnet. Schon mit Eröffnung der ersten offiziellen Badesaison wurde am 18. Juli 1794 eine Badedirektion bestellt, zu deren initiativreichsten Mitgliedern Hofrat Prof. Vogel zählte. Die von ihm veröffentlichten „Allgemeinen Baderegeln" reflektierten die neuesten medizinischen Erkenntnisse und garantierten den Erfolg seiner Seewassertherapie. Erste Badehütten wurden auch im Sommer dieses Jahres am Strand von Heiligendamm aufgestellt; zusammen mit den beiden Badeschaluppen, die angeschafft worden waren, bildeten sie die ersten notwendigen Ausstattungen des neubegründeten Seebades.

Abb. 15: Badehaus am Heiligen Damm,
Stich von Johann Christoph Heinrich von Seydewitz, 1795-96.

Das Badehaus

Doch schnell wurde die Notwendigkeit der Errichtung eines Badehauses am „Heiligen Damm" erkannt und Johann Christoph Heinrich von Seydewitz mit dessen Bau beauftragt[21]. Von 1795 bis 1796 wuchs das Gebäude, hart am Strande gelegen, abermals als schlichter, jedoch verputzter Fachwerkbau in strenger symmetrischer Gliederung und mit vierachsigem Risalit unter breitem Dreiecksgiebel empor, dessen doppelläufige Treppe der Eingangssituation an der Hauptfassade eine repräsentative Note verlieh. Das Moment gesteigerten architektonischen Aufwandes ließ sich nicht nur an der aufwendigen Portalgestaltung ablesen, ebenso verschaffte es sich mit einer ambitionierten Giebelinschrift Geltung, die allerdings erst im Jahre 1805 angebracht wurde und vom Rostocker Philologen und Universitätsbibliothekar Prof. Emanuel (Immanuel) Huschke (1761–1828) stammte: *„Curae vacuus hunc locum adeas, ut morborum vacuus, abire possis: nam hic non curatur qui curat. [Frei von Sorgen magst diesen Ort du betreten, damit von Krankheit frei du wieder fortgehen kannst: denn hier wird nicht geheilt, wer sich sorgt.]"* Abgesehen davon, dass dieses Motto abermals die Grunddevise fürstlicher Modebäder aufgriff und vom Kurgast sorgenfreien Frohsinn erwartete, um die Freuden des Badelebens mit der Heilung des Körpers in Einklang zu bringen, verbanden sich mit der lateinischen Inschrift zugleich ein betonter Antikenbezug,

---

[21] Ein im Umfang vergrößerter Entwurf zum Badehaus in Heiligendamm erschien schon 1794 als Kupferstich (gestochen von Günter), VOGEL 1794.

denn Huschke hatte hier unmißverständlich einen Leitsatz von den berühmten Thermen des römischen Kaisers Antonius Pius (*86 n. Chr.; Regierungszeit 138–161 n. Chr.) entlehnt, die erst während der Regierungszeit Caracallas (*188 n. Chr.; Regierungszeit 211–217 n. Chr.) vollendet wurden und daher dessen Namen erhielten.[22] Die Bezugnahme in Heiligendamm auf Kaiser Antonius Pius statt auf Caracalla hängt mit der gegensätzlichen historischen Assoziation zusammen, die sich mit der Persönlichkeit dieser römischen Kaiser verband und in deren Traditionslinie sich Serenissimus ganz offensichtlich gestellt zu sehen wünschte: Während das Herrscherbild des Soldatenkaisers Caracalla mit Verrohung und Mordgier belastet war, zeichnete sich Antonius' Herrschaft durch eine fast gänzlich friedliche Regierung aus. Klug kam er seinen staatspolitischen Pflichten nach und sorgte überall im Reiche für die Aufrechterhaltung von Ordnung und Gesetzlichkeit. Durch Stiftungen an die Armen zeichnete sich dieser Kaiser ebenso in humanistischer Mildtätigkeit aus wie durch das Verbot der Christenverfolgung. Er unterstützte die Philosophen und mehrte beständig den Glanz des Reiches, indem er auf dessen Wohlfahrt bedacht war und trotz sparsamster Finanzwirtschaft zahlreiche Bauten errichten ließ. Die absichtsvolle Inbezugsetzung von Friedrich Franz I. mit dem großen Tugendhelden der Antike klingt hier assoziationsästhetisch an und versteht sich in diesem Sinne als Regierungsprogramm des eigenen, aufgeklärt absolutistischen Regimes.

Ungeachtet des konservativen Festhaltens an der Architektursprache des ausklingenden Spätbarocks und Zopfstils, die hier einen äußerst verhaltenen Repräsentationsanspruch aufweist, vermochte die spätere Applikation einer antiken Inschrift selbst im Seydewitz'schen Bau den assoziativen Verweis auf das Idealbild des klassischen Altertums hervorzurufen. Die zunehmende kritische Auseinandersetzung mit der überlebten feudalen Ordnung und deren veraltetem Formenkanon machte dies möglich, sah man doch im demonstrativen Antikenbezug das geeignete ideologische und ästhetische Rüstzeug, die utopische Dimension eines alternativen Gesellschaftsentwurfs zur

---

[22] Vgl. DRESEN 1834, S. 47.

Sprache zu bringen,[23] der selbst von den Repräsentanten des inzwischen aufgeklärt sich gebenden Adels mitgetragen wurde. Seydewitz hatte allerdings diese ästhetisch-ideologische Tragweite weder erkannt noch in seinen meist anspruchslos wirkenden Zweckbauten künstlerisch adäquat umzusetzen gewusst.

Das Amtshaus

Dies trifft auch für das gleichzeitig in Doberan entstandene Amtshaus zu, das als eingeschossiger Fachwerkbau von elf Achsen mit Krüppelwalm-Mansarddach anstelle eines Vorgängerbaus zum neuen Domizil für die Sommeraufenthalte der herzoglichen Familie aufgerichtet wurde. Sein schlichtes Äußeres mit zweiachsigem Zwerchhaus über den mittleren drei Fensterachsen des Erdgeschosses und dem Ochsenauge im Giebeldreieck wiederholt noch einmal das Prinzip der streng gegliederten, aber sonst keineswegs aufwendigen Fassade, wie sie schon beim Logierhaus zur Anwendung kam und offensichtlich Pyrmonteser Erfahrungen in die mecklenburgische Umgebung einpasste. Andererseits erwuchs dieses Prinzip auch bodenständiger Tradition und hatte in Seydewitz‘ frühem Schaffen, dem um 1786 auf-

Abb. 16: Dass Amtshaus in Bad Doberan von Norden, erbaut von Johann Christoph von Seydewitz, Foto 2018.

[23] Vgl. Dolgner 1991, S. 7.

Abb. 17: Der Kammerhof in der Nienhagener Chaussee in Doberan, Foto 2018.

geführtem Gutshaus des Kammerhofes an der Nienhagener Chaussee, schon Anwendung gefunden. Dort trat auch das Motiv der beiden Flankenfenster seitlich der Haustür zutage, welches später Severin als beliebtes lokales Bauelement in abgewandelter Form beibehalten sollte.

Aber auf Dauer konnte Friedrich Franz I. mit dem von Seydewitz vertretenen Baustil konservativen Festhaltens an Überlieferungen des Spätbarocks und der traditionellen mecklenburgischen Gutshausarchitektur nicht zufrieden sein, wenn die Attraktivität des Badeortes Doberan gesteigert werden sollte, um den Anspruch der Freude, des Frohsinns und des Vergnügens gerecht werden zu können. Die Krise, die sich in jener Zeit zwischen Bauherr und Baumeister anbahnte, zeigt sich schon darin, dass der glücklos operierende Seydewitz 1795 erstmals Carl Theodor Severin als Gehilfen und Nachfolger seiner Tätigkeit zum Ausbau des Seebades in Vorschlag brachte.

Was nun in der Folgezeit bis zum Abschluss der ersten Bauphase des Badeortes errichtet wurde, trug den Charakter der Improvisation und war nicht für die Dauer bestimmt. Seydewitz' Handschrift in der Gestaltung Doberans trat nun im letzten Jahrfünft des Jahrhunderts nahezu vollkommen zurück. Dennoch schritt der Aufstieg des neuen

Abb. 18: Das Doberaner Münster mit dem Klosterpark,
Farblithographie eines unbekannten Künstlers, 1855.

Abb. 19: Der Buchenberg in Doberan,
Farblithographie eines unbekannten Künstlers, 1855.

Abb. 20: Der Jungfernberg in Doberan,
Farblithographie eines unbekannten Künstlers, 1855.

Abb. 21: Der Kamp in Doberan, Farblithographie eines unbekannten Künstlers, 1855.

Abb. 22: Der Kamp in Doberan, Aquatinta von J. F. Frick nach J. Genelli, 1801.

Seebades unaufhaltsam voran. Erstmals wurde 1795 zur Unterhaltung der Gäste im Brauhaus des Klosters Theater gespielt und in den ehrwürdigen Gemäuern fanden rauschende Bälle statt. Vogel ging vom September 1795 bis zum darauffolgenden Frühjahr erneut auf Reisen; diesmal um die technischen Einrichtungen der Seebäder Englands und Frankreichs zu inspizieren, um in Heiligendamm entsprechende Verbesserungen vornehmen zu können.

Die Parkanlagen

Überhaupt wurde unablässig an der Verschönerung des Ortsbildes gearbeitet, wobei die Ausdehnung der Parkanlagen und die Vervollkommnung der Spazierwege zum Lustwandeln im Vordergrund standen. Nachdem 1795 die englischen Gartenanlagen am Kloster fertiggestellt werden konnten, wo nachts illuminierte Teiche eine phantastische Atmosphäre erzeugten, schritt man zur Ausgestaltung des östlich vom Münster gelegenen Buchenbergs mit Tempeln, Lauben und Grotten, wie es die Anregungen von Hirschfeld vorsahen. Hier wurde den Gästen Tee und Kaffee gereicht oder man genoss die herrliche

Aussicht, die bis zu den Türmen von Rostock gereicht haben soll. Ähnlich verhielt es sich mit der landschaftsgärtnerischen Ausschmückung des Jungfernbergs, von dem aus sich ein reizvoller Meeresausblick bot. Auch der nach Heiligendamm führende Waldweg wurde nun zu einer befestigten Kies-Chaussee ausgebaut und mit Pappeln bepflanzt, um die Verbindung zwischen beiden Kernbereichen des Bades, jenem des Wohnens und der Vergnügungen mit dem der Heiltherapie, zu verbessern.
Als wichtigste Neuerung jener Jahre erwies sich jedoch die völlige Umgestaltung des alten Doberaner Dorfangers (des Kamps), der bislang als Viehweide genutzt wurde und jetzt seinen gartenarchitektonischen Ausbau zum anspruchsvollen Ortszentrum erfuhr. Abermals scheint Hirschfelds Forderung umgesetzt worden zu sein: *„Die Gärten, die bey Gesundbrunnen und bey Bädern angelegt werden,* [...] *müssen nicht allein bequeme und mannichfaltige Spaziergänge haben* [...], *sondern auch viele Plätze zur Versammlung, zu gesellschaftlichen Belustigungen, zur Ruhe im Schatten.*[...] *Dichte Gruppen oder eine doppelte oder dreyfache Umkränzung von Laubbäumen, zwischen welchen Rosen, Geisblatt und andere wohlriechende Sträucher die Zwischenräume füllen mögen, dienen zur anmuthigen Überschattung solcher frischen Versammlungsplätze, die so viel zur Unterhaltung der Geselligkeit beytragen".*[24]
Die Umpflanzung des dreieckigen Kamps mit einer doppelten Reihe von Linden und Rüstern verschaffte Doberan die für einen Kurort unabdingbare Promenade, während die Mitte des Platzes der Aufstellung von Zelten für die Musikkapelle oder der Verabreichung von Erfrischungen vorbehalten blieb. Auch dem Vergnügen des Scheiben- und Vogelschießens, des Kegelschubs und anderer Spiele und Lustbarkeiten konnte hier nachgegangen werden.
Mit dem stadtgestalterischen Ausbau des Kamps wurde in Doberan nicht nur die Grundlage für die Durchsetzung des gartenkünstlerischen Prinzips einer engen Verbindung von Natur und Architektur geschaffen, gleichzeitig kam es zu einer städtebaulichen Neuordnung

---

[24] Hirschfeld 1785, S. 85 und 87.

des gesamten Ortsbildes. Deutlich ließ sich nun die Polarität zwischen zwei Zentren beobachten: dem Klosterbezirk der Anlage in Nachbarschaft des Münsters und dem Badebezirk rings um den Kamp, der später durch die Bauten auf dem Alexandrinenplatz erweitert wurde. Gewiss entsprach diese Polarität zwischen beiden Bezirken nicht nur städtebaulich-funktionaler Notwendigkeit, sondern ebenso ästhetischer Absicht, durch die der damaligen gartenkünstlerischen Hauptforderung nach Mannigfaltigkeit und Abwechslung, mithin nach Varieté, Genüge geleistet werden konnte. Demgemäß eröffnete sich im Doberaner Ortsbild ein reizvoller Gegensatz zwischen diesseits froher Hingabe an die Freuden der Welt und des Lebens im Lustgartenbereich des Kamps und der ewigkeitsverweisenden Harmonie Gottes in den kraftvoll erhabenen Proportionen des himmelwärts strebenden Kirchengebäudes. Das Münster, gleichsam als Burg Gottes zu begreifen, als Ort geistiger Zuflucht und Geborgenheit, suggeriert in seiner majestätischen Größe die Dauer von unendlich scheinender Geschichte, macht aber auch mit der Ruine der Wolfsscheune am Klostergarten und den Grabstätten und Epitaphien im Kircheninnern das Wissen um Vergänglichkeit bewusst.[25]

Jenseitsverweise auf der einen Seite, erdverbundene Irdischkeit auf der anderen – das sind die assoziativen und gestalterischen Pole, zwischen denen der Kurgast von Doberan wählen kann. Dabei ist es verständlich, dass sich mit dem weiteren Ausbau des Badebetriebes immer mehr das Zentrum des Kurlebens vom Klosterbereich in den Badebezirk am Kamp verlagert, wo unter den Kurgästen ein *„Geist der Humanität, der Freundlichkeit und Heiterkeit“*[26] herrschte, der in seinem Anspruch auf Glück und Vergnügen jeglichen Gedanken ans Jenseits von sich wies. Welch großer Beliebtheit sich der neubegründete Badeort schon nach wenigen Jahren bei den Kurgästen erfreute,

---

[25] Die sogenannte Wolfsscheune, ein zweigeschossiger Backsteinbau mit großen Segmentbogenfenstern, liegt nordwestlich der Klosterkirche. Das Gebäude geht in seinen Ursprüngen auf die Zeit von 1283-90 zurück und diente wohl ursprünglich als Siechenhaus des Klosters. Ihr Name leitet sich vermutlich von „Wollscheune“ her, denn 1762 war hier eine Wollspinnerei eingerichtet, er kann sich aber auch vom nahen „Wolfsberg“ ableiten. Nach Schließung der Spinnerei zerstörte ein starker Turm das Dach und die Mauern verfielen allmählich. Die Ruine versteht sich seither als Requisit der Vergänglichkeit.

[26] NIZZE 1936, S. 33.

Abb. 23: Ruine der Wolfsscheune am Doberaner Klostergarten. Foto 2018.

macht ein Bericht von Christoph Wilhelm Hufeland (1762–1836) bewusst, der als Augenzeuge feststellte: „[...] *und ich versichere, dass ich in den Badeanstalten zu Doberan eine Zweckmäßigkeit, Ordnung, Reinlichkeit, ja selbst Eleganz gefunden habe, die mir nicht häufig vorgekommen ist, und die ihrem Stifter und Directoren unendliche Ehre macht. Nimmt man dazu die anerkannt große Kraft des Seebades, die, nach meiner Meynung, ausgezeichnet und in manchen Fällen einzig ist* [...]*; rechnet man dazu den herrlichen Anblick der See, und den unbeschreiblich erhebenden Eindruck, den diese auf das Gemüth und Nervensystem hypochondrischer und nervenschwacher Personen machen muß, die mancherley neuen Phänomene und Zerstreuungen, die bey solchen Curen äußerst wichtig sind, die angenehme Gegend, und selbst auch die Seeluft, die bekanntlich bey vielen Krankheiten ihre entschiedenen Heilkräfte hat; so ist nicht zu zweifeln, dass diese Anstalt bald eine der besuchtesten und heilbringendsten Teutschlands seyn werde*“.[27] Dank dieser „*neuen Phänomene und Zerstreuungen*“, die in großem Umfang geboten wurden, steigerte sich die Attraktivität dieses Seebades ständig, denn außer den gelegentlichen Theateraufführungen und beliebten Abendpartien, wo unter den Bäumen des Buchenbergs zuweilen Mu-

[27] Christoph Wilhelm Hufeland, in: VOGEL 1797, S. 40.

Abb. 24: Der Heilige Damm mit dem neu errichteten Badehaus, den Badehütten und Badeschaluppen als Erstausstattung des Kurbades, Ölgemälde um 1804, Maler unbekannt

sik zum Tanze aufgespielt wurde, faszinierten die trefflichen Illuminationen in den englischen Gartenanlagen am Kloster vor allem mit den künstlich beleuchteten Schwänen auf den Teichen. Hinzu kamen die Abhaltung des altfranzösischen Reiterspiels und Carousel' auf dem Kamp. Militärkapellen musizierten gelegentlich bei Kurkonzerten und Verkaufsstände und Zelte lockten Besucher an. Doch Höhepunkt all dieser Lustbarkeiten waren zweifellos die sonntäglichen Feuerwerke, die so hervorragend gewesen sein sollen, *„dass sie selbst die von Pyrmont übertrafen"*.[28] Mit all diesen Vergnügungen und Amüsements, wo beinahe jedem Bedürfnis nach Geselligkeit und Lustgewinn Befriedigung verschafft wurde, emanzipierte sich Doberan schnell zum mondänen Luxusbad, dem allein noch der würdevolle, repräsentative, architektonische Rahmen fehlte. Ihn zu gestalten, sollte Carl Theodor Severin vorbehalten bleiben, der 1801 von seiner Schweriner Tätigkeit als Ingenieur und Baukondukteur nach Doberan abberufen wurde, um die Entwicklung des Ortsbildes voranzutreiben und ihm ein einheitliches stilistisches Gepräge zu geben.

---

[28] NIZZE 1936, S. 40.

Zur Biografie von Carl Theodor Severin (1801–1836)

Carl Theodor Severin, der seit 1795 in mecklenburgischen Diensten stand, kam am 13. September des Jahres 1763 im kleinen Städtchen Mengeringhausen, unweit von Arolsen, im Fürstentum Waldeck zur Welt.[29] Seine Eltern entstammten der hochgeachteten Beamtenschaft des waldeckschen Fürstentums.[30] Der Vater, Theodor Severin (1733–1797), brachte es in seiner Laufbahn zum Archivarius, zum Justiz-, Regierungs- und Konsistorialrat, und seine Mutter, Henriette Severin (1744–1802), war die Tochter des fürstlichen Hofrates und Leibarztes Dr. Johann Christian Becker. Am 16. September erhielt der Knabe in Mengeringhausen das Sakrament der heiligen Taufe, und wir können davon ausgehen, dass er in bescheidenem Wohlstand im elterlichen Haus am Mühlenwasser 6, zusammen mit einigen Geschwistern, heranwuchs. Nähere Nachrichten über Kindheit und Jugend Severins wurden leider nicht überliefert. Selbst im Hinblick auf seine berufliche Entwicklung tappen wir im Dunkeln. Da sich jedoch in seinen architektonischen Werken zahlreiche Einflüsse des Klassizismus der Berliner Schule zeigen, ist mit großer Wahrscheinlichkeit anzunehmen, dass er in Berlin, möglicherweise bei Carl Gotthard Langhans

---

[29] Heute OT von Bad Arolsen. Das Geburtshaus, das sogenannte Graugrebische Haus (später auch: Haus Rohde, Mühlenwasser 6) war ein alter Adelshof in Fachwerkbau, der 1579 von Johann von Graugrebe von Colbach, einem Rittmeister und Burghauptmann, errichtet wurde. 1757 erwarb es der Regierungsrat Theodor Severin, der Vater des späteren Baumeisters. Ich danke für die freundliche Auskunft Herrn Herbert Voigt, Stadtarchivar in Mengeringhausen, vom 13.01.1993.

[30] Die waldecksche Familie Severin entstammt aus der Grafschaft Mark, wo 1601 ein Johannes Severin als Rentmeister und Ratsherr in Bochum gelebt hatte. Dessen Sohn Georg Heinrich Severin (1578-1635) wurde Bürgermeister in Hattingen. Dessen Sohn Georg (1622-1677) zog nach Bochum und war dort Senator und Kirchenrentmeister. In der darauffolgenden Generation wurde Kaspar Arnold (1650-1712) Bürgermeister von Bochum. Sein Sohn Dietrich Heinrich Severin (1681-1754) war der erste, der nach Waldeck kam und hier Stadtkommissar in Korbach, dann Konsistorialrat und Regierungsrat in Mengeringhausen wurde. Er heiratete Sabine Eleonore Scriba, die Tochter des Pfarrers Scriba in Korbach. Er gebrauchte 1718 (wohl als erster?) das Familienwappen von sieben von rechts oben ablaufende schräge Wellenlinien, die später im Schilde in die Waagerechte gebracht wurden. Auch sein Sohn Heinrich Arnold Severin (1707-1786), der Archivar, Justitz- und Regierungsrat in Mengeringhausen war, benutzte dieses Wappen, dessen endgültige Gestalt in Blau sechs silberne gewellte Balken zeigt. Als Helmzier fungiert eine naturfarbene Meerjungfrau mit grünem Schwanz, die in der Rechten einen grünen Kranz und in der Linken einen goldenen Pfeil hält. Die Decken sind blau-weiß.

Abb. 25: Das Geburtshaus von Carl Theodor Severin und das Wappen der Familie Severin.

d. Ä. (1732–1808)[31], seine grundlegende Ausbildung zum Baumeister erfuhr. Neben Langhans d. Ä. haben offensichtlich auch Johann Heinrich Gentz (1766–1811)[32], David (1748–1808)[33] und Friedrich Gilly (1772–1801)[34] sowie Heinrich Karl Riedel (1756–nach 1820)[35] auf Severins Entwicklung eingewirkt.

Die Architektur der Berliner Bauschule kann in jenen Jahren um 1800 als die fortschrittlichste in Deutschland angesehen werden, da sie sich durch einen weitgehenden Verzicht des preußischen Hofes auf die unmittelbare Einflussnahme auf das Baugeschehen im Lande auszeichnete und folglich Ideen und Ideale der bürgerlichen Aufklärung am überzeugendsten umzusetzen wusste. Hier prägte sich ein reifer Hochklassizismus aus, der sich mehr und mehr von den klassischen Regeln der Antike löste und eigene schöpferische Gestaltungen zuwege brachte. Schwerpunktsetzungen der Berliner Architekturschule bestanden in rationalem Konstruktionsbewusstsein und funktionalem Gestalten, wobei ihre Repräsentanten in Auswertung der neuesten Erfahrungen der französischen Revolutionsarchitektur eine kraftvoll-monumentale Formensprache ausbildeten, der die schlichte Ra-

[31] Vgl. HINRICHS 1909; - GRUNDMANN 2007.

[32] Vgl. DOEBLER 1919.

[33] Vgl. LAMMERT 1964; - FACHHOCHSCHULE POTSDAM, STIFTUNG PREUßISCHE SCHLÖSSER UND GÄRTEN BERLIN-BRANDENBURG 1998.

[34] Vgl. ONCKEN 1935; – REELFS 1984; - NEYMEYER 1997; - VOGEL 2002.

[35] Vgl. RIEDEL 1797; – RIEDEL 1804/06; - Gerd-Helge Vogel: Anmerkungen zum Naturbegriff in Friedrich Gillys Entwürfe zu Fassaden städtischer Wohnhäuser, in: VOGEL 2002, S. 41-54.

tionalität stereometrischer Grundkörper zugrunde lag. In Reaktion auf den Schwulst spätbarocker Überladungen und kleinteiliger Verspieltheit von Rokokoornamentik konzentrierte sich das baukünstlerische Streben der Berliner Architekten auf eine völlig rationalistische Grundhaltung tektonischen Durchdringens eines jeweiligen Baukörpers.

Abb. 26: Selbstbildnis des jungen Carl Theodor Severin.

Konsequenterweise war damit eine gesteigerte Aufmerksamkeit für praktisch-technologische Aufgabenstellungen und Problemlösungen verknüpft. Mehr und mehr stellte sich die Frage nach dem jeweiligen Bauzweck in den Vordergrund, von dem nach neuester Auffassung der Charakter eines Baus seine gestalterische Bestimmung ableitete, wobei in Projektion idealer gesellschaftlicher Verhältnisse mit den Mitteln der Architektur eine Synthese zwischen der Anlehnung an antike Vorbilder und moderner Gebrauchsfunktion gesucht wurde. Gleichzeitig kam es zu einer Neubewertung der unterschiedlichen Baugattungen, die eine tendenzielle Gleichrangigkeit zwischen Pracht- und Nutzbau herstellte, um auf diese Weise Kritik am absolutistischen Subordinationsprinzip der Barockzeit zu üben.

Über die praktisch-funktionalen Aspekte klassizistischen Bauschaffens hinaus verstärkte sich mit vertieftem Geschichtsbewusstsein auch das Interesse an ikonologischen Fragestellungen bestimmter Architekturformen. Schon im deutschen Frühklassizismus hatte sich in den Landschaftsgärten eine bedeutungsgeladene Stimmungsarchitektur herausgeformt, deren assoziationsästhetischen literarischen Programme hauptsächlich dem Idealbild klassisch-humanistischer Gesellschaftsmodelle Gestalt verleihen sollten, indem sie als *„architecture parlante“* dem bildungsbewussten Bürgertum und aufgeklärten Adel die Fiktion einer scheinbar funktionierenden Gegenwelt suggerierten. Die hierin sich offenbarende Sehnsucht nach Zonen sozialer

Konfliktfreiheit, nach demokratischer Egalität der Stände, nach Aufhebung des Gegensatzes zwischen Natur und Kultur, erhielt nach den zum Teil traumatischen Erfahrungen aus der Französischen Revolution neue Nahrung und übertrug sich von der gartenarchitektonischen Kleinarchitektur jetzt auch auf das monumentale Baugeschehen. Entsprechend hatte Seydewitz' Badehaus zu Heiligendamm mit seiner gedankentiefen Inschrift staatspolitische Ideale darzustellen gesucht, obgleich noch nicht im künstlerisch kongenialen Gewand, das die gewählte Bauform aus dem inneren Wesen und der Zweckbestimmung des Gebäudes abgeleitet hätte, sondern lediglich durch die Applikation eines sinnstiftetenden Textes. Die moderne Überzeugung von der Baukunst als Übermittlerin von ideologisch intendierten Informationen, die dem Betrachter außerästhetische Inhalte, also historische, moralische, literarische oder religiöse Überzeugungen bewusst macht, hatten inzwischen auch in der der aristokratischen Selbstdarstellung Friedrich Franz I. dienenden Architektursprache ihren Niederschlag gefunden. Zu stark ließen sie sich dabei von der Tradition leiten, die einfach den aus dem barocken Adelspalais hervorgegangenen Typus des Saalbaus einer neuen Zweckbestimmung zuführte und ihn dadurch in seiner Assoziationskraft so stark belastete, dass die beabsichtigte progressive Botschaft weder daraus abgeleitet, noch die Ausformung einer kurspezifischen Badearchitektur entwickelt werden konnte. Hierin sind wohl die Gründe für Seydewitz' Ablösung beim weiteren Ausbauprozess von Doberan-Heiligendamm zu sehen.

Doberans zweite Bauphase unter Carl Theodor Severin (1801–1836)

Das Salongebäude

Severins erstmaliges Wirksamwerden in Doberan erleben wir beim Salongebäude, das sich zusammen mit dem Kamp als Herzstück der zukünftigen Erweiterung der Badeanlagen versteht. Obwohl noch unter der Ägide von Seydewitz entstanden, zeigen sich in Entwurf und Ausführung schon weitgehend die selbständigen Züge des bereits achtunddreißigjährigen Baumeisters. Die schlichte, zweigeschossige Fassade des langgestreckten Baus zeichnet sich durch eine strenge tektonische Gliederung aus, die aus der Betonung der sechs gequaderten Ecklisenen resultiert und so ein Gerüst entstehen lässt, dessen Empostreben durch die Attika über hohem Gebälk gebremst wird. Zusammen mit der repräsentativ wirkenden Portalnische vergegenständlicht sich in der Fassadenstruktur die imposante Wirkung einer anspruchsvollen, antikischen Torsituation, welche entfernt an Langhans' Brandenburger Tor zu Berlin erinnert. Damit präsentiert sich der eindeutig von klassizistischen Formen geprägte Baukörper in sei-

Abb. 27: Salongebäude in Bad Doberan, Außenansicht von 2018.

ner würdevollen, festlichen Gestaltung inzwischen unabhängig von den spätbarocken Reminiszenzen, wie sie Seydewitz noch bedurft hatte. Stattdessen verschafft sich die klassizistische Gesinnung der Berliner Architektenschule in einer allerdings zierlicheren und damit weniger monumentalen, eher heiteren Note, Geltung. Severins Salongebäude lädt auf diese Weise ein zu Geselligkeit, zu Amüsement und Frohsinn. Sein torartiger Charakter unterstreicht dieses einladende Moment, wobei er sich im Antikenbezug nicht von der Kolossalität römischer Triumphbögen inspirieren ließ, sondern von der dreiteiligen Grundstruktur der perikläischen Propyläen des Architekten Mnesikles (2. Hälfte des 5. Jahrhunderts v. Chr.) auf der Akropolis zu Athen. Ähnlich wie dort das tempelartige Tor in einen vom Alltag abgehobenen, heiligen Bezirk einlud, bat auch Severins Salongebäude oder Speisehaus die Gäste zu sich, nur mit dem Unterschied, dass in seinem Bereich nicht tatsächlich den Repräsentanten mythologischer Gottheiten gehuldigt wurde, sondern nur deren Tätigkeitsfeldern, für die sie das Schutzpatronat ausübten.

Entsprechend richtete sich die Assoziationskraft dieser *„architecture parlante"* auf die mit dem Bau sich verbindenden Funktionen.[36] Das

[36] Zur Problematik der *„architecture parlante"* in der Bäderarchitektur der deutschen Ostseebäder um 1800 vgl. VOGEL 1996, S. 248-260. In der zeitgenössischen Literatur findet sich das Indiz zur Bereitschaft, Severins Bauten der Kuranlagen von Doberan und Heiligendamm als *„Tempel der Hygäa"* (vgl. HERMBSTÄDT 1823, Widmung und S. IX) zu deuten. Indem man dessen Bauten und Kuranlagen ganz allgemein der antiken Göttin der Gesundheit und ihren Helfern, den Tritonen – den Söhnen der Meeresgötter Poseidon und Amphitrīte – sowie den Nereïden – den Töchtern der Seegottheiten Nereus und Doris – weihte, kam das assoziationsästhetische Element der *„architecture parlante"* zum Tragen. Meist wurde der assozitionsästhetische Aspekt durch entsprechende Inschriften oder bauplastische Verzierungen, die die antiken Gottheiten darstellten, unterstrichen. Demzufolge sah man in den Gebäuden Tempel, die mit ihrer 'erhabenen Gestalt' die banalen Funktionen des Bauwerks dadurch aufzuwerten versuchten, indem sie den Bau einer antiken Gottheit – im Falle der Kuranlagen vor allem der Göttin der Gesundheit – gewidmet wurden. Doch beschränkte sich die assoziationsästhetische Veredelung der Bauwerke nicht allein auf tempelähnliche Gebäude, die der Gesundheit und Körperhygiene dienten, sondern ebenso auf Bauten, deren profane Funktionen mit dem Patronat anderer Gottheiten als Schutzpatrone dieser Tätigkeitsfelder in Verbindung gebracht werden konnten. Dementsprechend waren Kaufläden Merkur, dem Gott des Handels geweiht. Weinhäuser und Restaurants standen hingegen mit Bacchus, dem Gott des Weines, oder mit Lucius Licinius Lucullus (117-57 v. Chr.), dem verschwenderischen Feinschmecker üppiger Gastmähler, in Verbindung. Demgegenüber galten das Theater und der Musiktempel als Weihestätten der Musen bzw. des Gottes Apollo musagetes, der die Musen anführt und die überdachten *„Säulengänge der beiden* [chinoisen] *Pavillons und der Kauf- und Putzbuden, die den Bazar* [auf dem Kamp] *vorstellen,* [schützten vor] *Jupiter pluvius* [dem

Salongebäude diente u. a. als Ball- und Speisesaal, besaß zudem in Innern Kaufläden, ein Lesekabinett und Konversationszimmer. Diese Mannigfaltigkeit funktionalen Gebrauchs hätte im paganisierenden, assoziationsästhetischen Gehalt ein ganzes Pantheon erforderlich gemacht, denn hier wurde Bacchus, Merkur und den Musen gehuldigt. Severin begnügte sich jedoch mit einem allgemeinen Verweis auf antike Baustrukturen, deren sinnbildhafte Substanz sowohl mit Göttertempeln als auch einer einladenden Torsituation oder selbst mit dem sagenhaften Tafelluxus eines Lukullus vom geschichtsbewussten Zeitgenossen in Verbindung gebracht werden konnte. Demgemäß ging es Severin nicht so sehr um ein eindeutiges Festlegen auf bestimmte Gedankenverbindungen; vielmehr lag ihm die generelle Evokation idealer antikischer Zustände am Herzen, mit denen die Sehnsucht nach Wiederkunft des klassischen Goldenen Zeitalters in Gestalt eines architektonischen Gegenentwurfs zu den ernüchternden Verhältnissen der Gegenwart Ausdruck verliehen werden konnte. In der exklusiven Sphäre eines eleganten Luxusbades schienen derartige Anspielungen auf die dem Alltag entzogene Werte ihre Daseinsberechtigung zu haben.

Hatte Severin mit seinem Erstlingsbau in Doberan stilistisch eine neue Epoche beim Ausbau des Seebades eingeleitet, deren klassizistisches Formengut die Gewähr zu bieten schien, auf architektonischem Gebiet bürgerlichen Idealen zum Durchbruch zu verhelfen, so stellte er

---

Gott der Regengüsse]." (DRESEN 1834, S. 65). Entsprechend dieser ikonologischen Deutung der Severin-Bauten wurden in Doberan das großherzogliche Schloss, umgeben von schönen Gartenanlagen, zusammen mit dem *„Gesellschaftshaus in Form eines chinesischen Pavillons mit Ball- und Conzertsälen, ein*[en] *andere*[n] *Pavillon, der den grossen Speisesaal und viele andere Gesellschaftszimmer enthält, ein*[em] *grosse*[n] *Logirhaus, in dem man ruhig, gut und billig wohnt, ein*[em] *neue*[n] *Gebäude zu demselben Zwecke mit Kaufläden, Zuckerbäckerei, Lesebibliothek* [etc.]" grundsätzlich als Bauten des Frohsinns und lustvoller Freuden betrachtet. Bewusst verstanden sich *„diese Anstalten des Vergnügens und irdischen Wohllebens* [als Gegenstück zur] *schöne*[n] *gothische*[n] *Kirche mit den Grabmälern der Herzöge von Mecklenburg"* (ZEDLITZ 1834, S. 99). Dieser romantische Kontrast zwischen Vergnügungsstätten der Lebenden und der Vanitas des Memento mori an der Stätte der Toten war durchaus im Badeort Doberan ein bewusst gewählter ästhetischer Gegensatz, wie ihn sich die zeitgenössischen Bildungseliten betont vor Augen hielten, um mit dieser indirekten moralischen Mahnung Ausschweifungen zu vermeiden und Mäßigung zu erstreben. Insofern ist die von KIRCHNER/BAUMGART 1999, S. 32, Anm. 12, geäußerte Kritik an diesem städtebaulichen Gestaltungsprinzip Severins und des Großherzogs ungerechtfertigt.

Abb. 28: Der Große Saal des Salongebäudes in der Gestaltung von Carl Theodor Severin, Foto von 2010.

gleichzeitig unter Beweis, dass er befähigt war, einem der Multifunktionalität des modernen Kurbetriebes gemäßen Bautyp zu entwickeln, der sowohl repräsentativen als auch zweckbestimmenden Anforderungen gleichermaßen gerecht zu werden vermochte.
Den gestalterischen Ansatzpunkt hierfür fand er im englischen Typus der „assembly hall", jenem öffentlichen Versammlungshaus, das sich in Ableitung palladianischer Palast- und Villenarchitektur bereits in der ersten Hälfte des 18. Jahrhunderts aus dem höfischen Bereich der Schlossarchitektur herausgelöst hatte und in Korrespondenz mit aristokratischen Festsaalbauten bürgerlichem Repräsentationsbedürfnis angemessenen Ausdruck verlieh. Dieser Typus, der in Struktur und Formgebung edle Schlichtheit mit feierlicher Würde zu paaren sich bemühte, zielte auf eine angestrebte Nobilitierung des aufstrebenden Bürgertums als dem Hauptauftraggeber für diese Gebäudeform. Unter der Maßgabe hochklassizistischen Stilempfindens modifizierte Severin diese Architekturgattung zu extremer Vereinfachung, indem er gemäß damaligem Naturempfindens geometrische Elementarformen zur Grundlage jeden Gestaltens erhob. Im neunzehnfachen Rapport wiederholt sich deshalb die gestreckte Hochrechteckform der Fenster, die im Erdgeschoss beiderseits des flachen Risalits zusätzlich noch mit einem halbkreisförmigen Bogenabschluss gekoppelt wurde. Ungeachtet jenes kaum in Erscheinung tretenden Risalits, fußt das gesamte Gebäudesystem auf der einfachen Kastenform, dessen an Langhans erinnernde bandförmige Attika in ihrer Gleichförmigkeit den egalitären, demokratischen Charakter des Bauwerks unterstreicht und deshalb auf ein erhebendes Frontispiz – abgesehen von einem ursprünglich nur flachen Segmentgiebel – gänzlich verzichtet.
Solch betonte Einfachheit des Ausdruckswollens, die sich dennoch mit feierlicher Eleganz verbindet, entsprach ganz und gar bürgerlicher Architekturästhetik, die mit dem Anspruch von Egalität der Bauglieder zugleich auch den der gesellschaftlichen Stände verknüpfte.
Aufgeklärte Fürsten, zu denen Friedrich Franz I. sich zählte, teilten diese Gesinnung und förderten sie, nichtzuletzt weil der Kurort ja nicht nur den internationalen Adel, sondern ebenso die emporkommende neue Geldaristokratie als Gäste im Seebad empfangen wollte.

Abb. 29: „Ansicht des Badehauses und des Neuen Saales bei Dobberan an der Ostsee", kolorierter Kupferstich um 1820/27.

Mit dem Salongebäude hatte Severin einen markanten Grundstein zur Umgestaltung des gesamten Doberaner Ortsbildes gelegt, der dem Charakter des Bades ein repräsentatives, aber auch heiter freundliches Aussehen als Lustort verlieh. Zwar war wegen der beschränkten finanziellen Mittel Mecklenburgs und der Unwägbarkeiten einer anhaltenden Prosperität des Badewesens auch jetzt noch nicht an eine planmäßige Erweiterung Doberans zu denken, doch bestand in der Anlage des Kamps ein natürliches Zentrum gesellschaftlicher Repräsentation, dessen weiterer Ausbau je nach Bedürfnis sich relativ mühelos realisieren ließ.

Nachdem der Badebezirk Doberans, der gänzlich der Zerstreuung und den Annehmlichkeiten der eleganten Welt der Kurgäste gewidmet war, durch den Bau des Salongebäudes eine attraktive Aufwertung erfahren hatte, schien es an der Zeit, auch Heiligendamm, den Ort der eigentlichen Seebadtherapie, in seiner Zweckbestimmung zu vervollkommnen. Der rege Zuspruch von Badekuren machte eine Kapazitätserweiterung des dortigen Badehauses erforderlich, weshalb die Errichtung eines zweiten massiven Badehauses in Gestalt eines funktionalen Zweckbaus in Angriff genommen und mit dem alten Badehaus durch einen überdachten Gang verbunden wurde.

Ohnehin achtete Samuel Gottlieb Vogel beständig darauf, alle neuen therapeutischen Erkenntnisse in Anwendung zu bringen, so dass in der Verbesserung des medizinischen Bereichs nie Stillstand eintrat. Ob Severin für die Errichtung und Planung der kleinen ergänzenden Zweckbauten – zu denen auch die Kabinen des Damenbades an der offenen See gehörten, die 1801 und 1804 die einfachen Schilderhäuser ersetzten – in Anspruch genommen werden kann, lässt sich zwar nicht mit letzter Sicherheit feststellen, erscheint jedoch nicht unwahrscheinlich, sofern man bedenkt, dass er für fast alle Baumaßnahmen des Seebades verantwortlich zeichnete.
Dazu gehörte ebenso die Ersetzung der privaten Doberaner Bürgerhäuser – oft noch rohrgedeckte Lehmkaten – durch repräsentativere ein- und zweigeschossige Wohnbauten, in denen zusätzliche Logiergäste Unterkunft finden konnten. Serenissimus hatte durch günstige Bausubventionen den modernen Um- und Ausbau der bürgerlichen Privatbauten gefördert, um dadurch die Attraktivität seines Seebades zu steigern, indem er dem Ort ein einheitliches klassizistisches Gepräge verlieh. Wenn auch lokale Handwerker das Gros dieser Bauten errichtet haben dürfte, ist doch sicher, dass durch entsprechende Baubestimmungen, auf die Severin maßgeblich Einfluss ausübte, die Geschlossenheit des Ortsbildes garantiert wurde, wie sie seinen baukünstlerischen Idealen entsprach. Zweifellos gehört in diese Konzeption nicht nur die Gestaltung der äußeren Fassade dieser Wohnhäuser in ihrer schlichten, klassischen Eigenart, um ein freundlich heiteres Aussehen zu gewinnen; von mindestens gleicher Bedeutsamkeit war ihre harmonische Einbindung in die Struktur des Ortes und der Umgebung. Fast alle diese Wohnbauten zeichnen sich durch diese doppelte Orientierung aus, indem sie ihren Bewohnern einen Ausblick auf das Getriebe der Straße und ebenso auf die erquickende Natur in den sich anschließenden Gärten und hinaus in die romantischen Umgebungen gewährte. Auf diese Weise entstand in Doberan fürwahr ein Bad der ländlichen Freuden, des Frohsinns und Genusses für alle Stände und hob wenigstens scheinbar die Widersprüche zwischen Natur und Kultur sowie zwischen den sozialen Gruppierungen auf. Treffend hatte diesen Zustand ein begeisterter Kurgast schon im Jahre

1799 charakterisiert: „*Dies Ländliche, Frohe der Badeanstalt, dass man sich hier jeden Morgen wie am dritten Orte sieht und spricht und gleich mit der leichten Morgenbekleidung Heiterkeit und Zwanglosigkeit mitbringt, hat gewiß vielen Einfluß auf den harmonischen Ton der hiesigen Gesellschaft. Man lebt hier blos der Gesundheit, der Natur und seinen Freuden. Ordensstern und Band bleiben weg. – So wallet alles in bunten Reihen durcheinander und bildet die angenehmen Bilder ländlichen Genusses.* [...] *Alles atmet den Geist edler froher Laune, wo Convenienz und Etikette als neidische schlechte Dämonen des gesellschaftlichen Vergnügens nicht geduldet werden; denn an den Türen sieht man angeschlagen, dass der Herzog das Hutabziehen, mag kommen wer da will, verboten hätte. So verstreicht der größte Teil des Morgens und oft verpflanzt sich die heitere Stimmung der Gesellschaft mit in den Ort hinein.*“[37]

Mit der Anstellung Severins in Doberan hatte Friedrich Franz I. offenbar jenen Baumeister gefunden, der in der Lage und Willens war, die herzoglichen Intentionen in geeignete schöpferische Gestaltungen umzusetzen. Jetzt trat die ursprüngliche Bestimmung des Ortes, nämlich in erster Linie die heilkräftigende Wirkung der Seebad-Therapie zu nutzen, zugunsten des weiteren Ausbaus Doberans zur Sommerresidenz des Herzogs zurück. Gemäß dieser Zielsetzung drängte sich feudales Repräsentationsverlangen hervor, obgleich die dafür gewählten edlen Formen der klassizistischen Architektursprache auch in Übereinstimmung mit den ästhetischen Idealen des Bürgertums standen. Der Wunsch nach gesteigertem Prunk ging zugleich mit einem vermehrten Verlangen nach kultureller Abwechslung und genussreichen Vergnügungen einher, die finanzkräftige Gäste in den neu entstehenden Bade- und Residenzort anlocken sollten. So war der Herzog mit seinem Baumeister bestrebt, solche Anforderungen bevorzugt zu erfüllen, schon um der bedrohlichen Konkurrenz der binnenländischen Luxusbäder gewachsen zu sein. Dementsprechend gehörten allwöchentlich die aufwendigen Feuerwerke, die Serenissimus in Anlehnung an ähnliche Lustbarkeiten in Bad Pyrmont nun auf eigene Kosten auch in Doberan veranstaltete, zu jenen attraktiven Ver-

---

[37] Zitiert nach: BÜLOW o. J., S. 69-70.

Abb. 30: Vauxhall Gardens, the Grove and Grand Walk, von links nach rechts im Hain das Türkische Zelt sowie die Gebäude für Orgel und Orchester, Ölgemälde von Giovanni Antonio Canal, il Canaletto, um 1751.

anstaltungen, die die Beliebtheit des Badeortes bei seinen Kurgästen bedeutend erhöhte. In dieser Hinsicht dienten die in der zweiten Hälfte des 18. Jahrhunderts in England und auch Frankreich aufgekommenen öffentlichen Pleasure Gardens als Vorbilder, wo sich die Welt vornehmer Müßiggänger zum Stelldichein und zwanglosen Vergnügungen traf[38]. Vor allem betraf das die beiden berühmten Londoner pleasure-grounds Vauxhall[39] und Ranelagh [40], denen sich bald schon in ähnlicher Weise die Etablissements der Parks von Bagatelle im Bois de Boulogne[41] in Paris bzw. das Bagno im münsterländischen Steinfurt anschlossen.[42] Eine ähnlich kommerziell betriebene Vergnügungsstätte schwebte offensichtlich auch dem mecklenburgischen Herzog vor, wenn er die Doberaner Lustbarkeiten als „Vauxhalls" bezeichnete. Allerdings sollten diese Anregungen zu einem öffentlichen Lustort nicht die einzigen Impulse bleiben, die aus dem Ausland für

---

[38] Vgl. WOODS 1996, S. 186-191; - COKE/BORG 2011.

[39] Vgl. EDELSTEIN 1983; - DAVID/BORG 2011.

[40] Vgl. CONNER 1979, S.54-56.

[41] Vgl. GILLY 1799; - DELORME 1996, S. 261-275.

[42] Vgl. KORSZUS 1993, S. 124-131.

Abb. 31: A View of the Canal, Chinese Pavilion and Rotundo in Ranelagh Gardens with the Masquerade, Kupferstich von C. Grignion nach G. A. Canal il Canaletto.

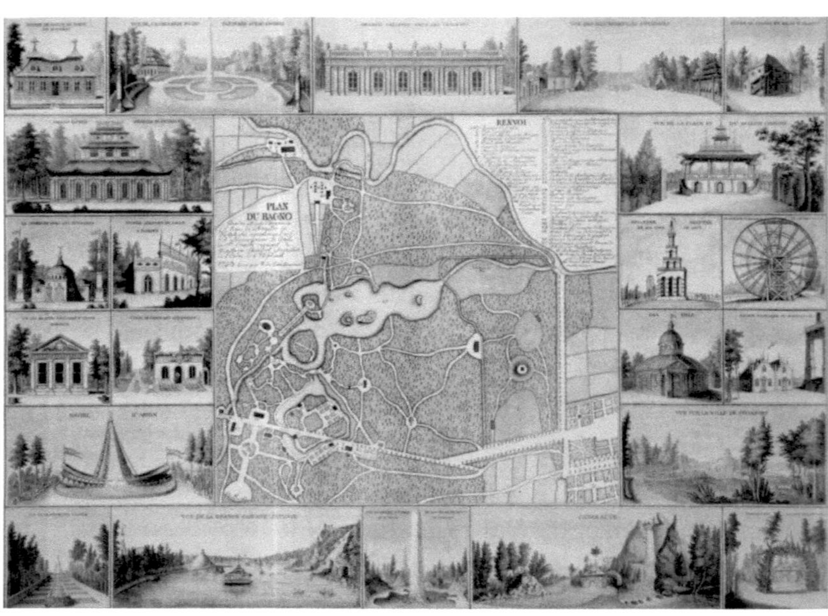

Abb. 32: Plan mit Randansichten „Plan du Bagno jardin Anglo Chinois au 6 lieus de Munster en Westphalie apartenant au Comte du St. Empire regnant de Bentheim Steinfort“, Kupferstich von G. W. Weise nach F. v. Schatzmann, 1793.

Abb. 33: Galopprennen in Bad Doberan, kolorierte Lithographie um 1830.

die Ausgestaltung des neuen Seebads aufgegriffen wurden, denn, abgesehen von der Einführung modernster Erkenntnisse und Technologien im kurtechnisch-medizinischen Bereich, standen vor allem Neuerungen im Vergnügungs- und Amüsierbetrieb auf dem Programm, mit deren Hilfe die Attraktivität des Badeorts gesteigert werden sollte. Dazu zählte vor allem 1804 die erstmalige Durchführung eines Pferderennens[43], das – in Anlehnung an das englische Derby – auf freiem Feld zwischen Doberan und Heiligendamm stattfand und bei Veranstaltern und Gästen so hohen Anklang fand, dass derartige Wettläufe in den Folgejahren zur festen Einrichtung des Badelebens an der mecklenburgischen Ostseeküste wurden.

[43] Vgl. GRÜNDEL 1997.

Das Schauspielhaus in Doberan

Um auf Dauer den gehobenen Ansprüchen der Doppelfunktion als Sommerresidenz und Seebadeort gewachsen zu sein, wurde in Doberan fortan eine Intensivierung der Bautätigkeit unumgänglich. Mithin kam es 1805 zur Beschlussfassung über die Errichtung eines Herzoglichen Palais und eines Comödienhauses, um die jeweiligen Provisorien der herzoglichen Wohnung im Amtshaus und die Theateraufführungen in der Mühle aufgeben zu können. Für beide Projekte bediente sich Serenissimus wieder der bewährten Unterstützung durch Carl Theodor Severin. Zunächst wurde die Errichtung des Schauspielhauses in Angriff genommen, dessen Eröffnung schon in der nächstfolgenden Badesaison - am 2. Juli 1806 - erfolgte. In der Phase des allgemeinen Epochenumbruchs um 1800 besaß gerade die Bauaufgabe Theater im damaligen kulturellen Leben einen außergewöhnlich hohen Stellenwert, realisierten sich in ihr doch gleichermaßen spätfeudales Repräsentationsverlangen, gepaart mit bürgerlichem Bildungsanspruch. Innerhalb eines mondänen Luxusbades, wo im gesellschaftlich zwanglosen Verkehr die Vertreter unterschiedlicher Stände unentwegt miteinander in Berührung kamen und wo dem Bedürfnis nach niveauvoller Unterhaltung in genussvollem Müßiggang Rechnung getragen werden sollte, konnte auf Dauer ein Theaterbau nicht fehlen. Severin entledigte sich dieser baukünstlerischen Aufgabe, indem er den ästhetischen Idealen der verschiedenen sozialen Kräfte, die hier in trautem Einklang miteinander verkehrten, gerecht zu werden sich bemühte. Ohne Zweifel erklärt diese Absicht die Ambivalenz der künstlerischen Gestalt seines Bauwerks, denn einerseits betonte es an seinem Standort, in unmittelbarer Nachbarschaft zum Seydewitz'schen Logierhaus und in Erweiterung des engen Badebezirks am Kamp hin zum neu entstehenden Alexandrinenplatz, seine städtebauliche Eigenständigkeit, indem es deutlich aus dem Zusammenhang mit der Palais-Architektur herausgelöst wurde, um auf diese Weise den gewonnenen Bedeutungszuwachs im Kontext gewachsener bürgerlich-demokratischer Kulturansprüche zu markie-

Abb. 34: Das Schauspielhaus in Doberan nach Plänen von Carl Theodor Severin. Das Gebäude wurde 1886/87 abgetragen.

ren. Diesen Vorstellungen entsprachen auch das schlichte Ebenmaß der Proportionen der Baumassen und die bedeutungsvolle Inschrift *„Erkenne dich selbst"*, die über dem Hauptportal gewissermaßen den bildungspolitischen Aspekt des Bauwerks, seinen durchaus erzieherisch gemeinten Auftrag, noch unterstrich. Andererseits zeigte Severin in diesem Theatergebäude von all seinen Bauten, die er fertigte, den deutlichsten Rückgriff auf spätbarocke Gestaltungsmuster, ungeachtet sie in einem gemäßigten, unprätentiösen Gewand in Erscheinung treten und deshalb in ihrer raffinierten Simplizität eher einem vornehmen bürgerlichen Wohnhaus zu gleichen scheinen statt einem herrschaftlichen Repräsentationsbau. Dieser Eindruck blieb jedoch nicht der allein beherrschende, denn die Risaliteinteilung der Fassade mit bekrönendem Frontispiz und aufwendigem Mansarddach erinnert noch stark an Vorlagen aus der spätbarocken Schlossbaukunst. Severin konnte bei der Gestaltung des Doberaner Theaters auf einen reichen Erfahrungsschatz zurückgreifen, den er während seiner mutmaßlichen Ausbildung an der Berliner Architektenschule gewonnen hatte, denn Carl Gotthard Langhans d. Ä. (1772–1808), Heinrich Gentz (1766–1811) und Friedrich Gilly (1772–1800) hatten sich wiederholt schon mit der Bauaufgabe Theater beschäftigt und ihrem Wirken ver-

Abb. 35: Fassadenansicht des Nationaltheaters auf dem Berliner Gendarmenmarkt von Carl Gotthard Langhans d. Ä., Zeichnung um 1800.

dankte er wertvolle Anregungen. Auch Georg Wenzeslaus von Knobelsdorffs (1699–1753) Opernhaus in Berlin Unter den Linden (1741–43) wird er gewiss in den Jahren seiner Berliner Schulung studiert haben, wie die Rückführung seines Entwurfs auf einen in seinen Umrissen kastenartigen Baukörper vermuten lässt.

Doch haben wir nicht in diesem Bau des friderizianischen Rokokoklassizismus den unmittelbaren Ahnen für Severins Theater zu suchen; viel eher finden wir ihn in Langhans' Theater im Charlottenburger Schlosspark (1788–89) oder in dessen Nationaltheater auf dem Gendarmenmarkt (1800), wo der Ausdruck festlicher Repräsentation bereits im Sinne einer strengeren Formgebung durchgesetzt war und damit deutlich ästhetische Ideale des Bürgertums hervortraten.

Freilich verband sich auch mit diesen noch stärker antikisierenden Bauten die Idee von einem Tempel für Apoll und dessen Musen – eine Vorstellung, wie sie schon während der Frühaufklärung in Knobelsdorffs ikonographischen Programm deutlich wurde, nun aber, unter dem Zeichen gesteigerten klassischen Formbewusstseins, noch akzentuierter in den Vordergrund rückte.

Severin griff diesen Gedanken auf, indem er eine vergleichbare Apolloikonographie in Gestalt antikisierender Basreliefs über den Lünettenfenstern mit einbezog und dadurch sein Theater deutlich als ein dem Schutzgott der Musen geweihten Ort charakterisierte, der sich durchaus als profaner Gegenpol zur christlichen Kirche ver-

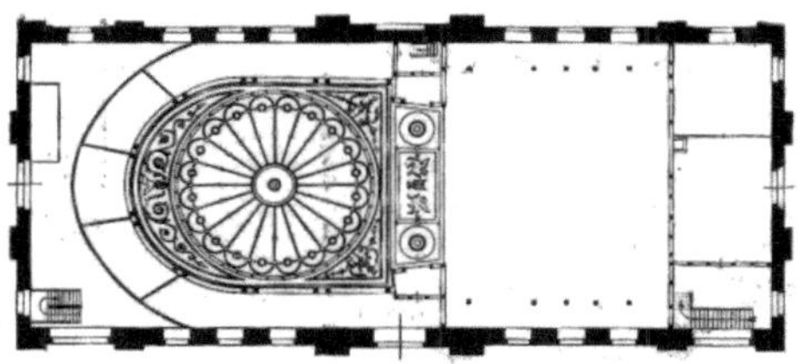
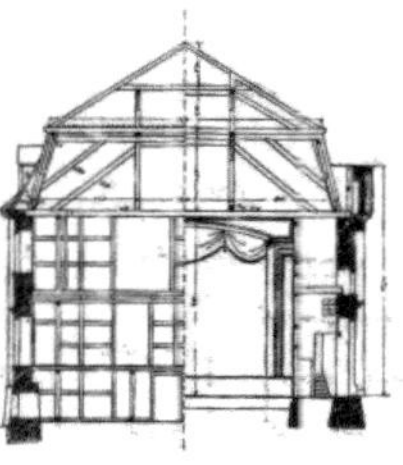

Abb. 36: Geometrische Straßen- und Seitenansicht, Grundriss und Querschnitt des Schauspielhauses in Doberan von Carl Theordor Severin.

steht.[44] Auf diese Weise wurde der Gedanke der Polarität zwischen beiden Doberanern Ortskernen – zwischen dem christlichen Kloster und dem paganen Badebezirk – durch den Aufbau des Theaters weiter bestärkt, denn der religiösen Wallfahrtsstätte wurde eine kulturelle entgegengestellt.

Charakteristisch für Severin und seinen Ausbau von Doberan ist die Tatsache, dass er gegenüber den Berliner Vorbildern völlig die imposante Monumentalität eines Langhans' oder den noblen Prunk eines Knobelsdorffs aussparte und stattdessen kleinbürgerlich anmutende Dimensionen unter weitgehendem Verzicht aufwendiger Schmuckformen ins Spiel brachte, die er einzig durch sein feines Gespür für ausgewogene, edle Proportionen adelte. Diese Beschränkung auf schlichte Anmut garantierte ihm auch beim Doberaner Theater – das immerhin 500 Personen fasste – den Ausdruck von heiterer Gelassenheit, den die meisten seiner Bauten – durchaus in Reaktion und Abgrenzung zur mitunter wuchtigen Monumentalität seiner Berliner Lehrer – aufweisen, um auf diese Weise die Vorstellung von heiterem

[44] Vgl. KLOPFER 1911, S. 69.

Frohsinn einer eher ländlichen Idylle hervorzurufen. Betrachtet man jedoch die funktionalen Aspekte seines Theaters, so wird auch hier die unmittelbare Auseinandersetzung mit den Berliner Vorbildern evident. Das trifft nicht nur für die Beibehaltung des äußeren Baukörpers als saalartigen Kubus zu, der selbst bei Langhans noch der Tradition des höfischen Logentheaters verpflichtet blieb; wir begegnen ihr ebenso in der funktionalen Grundrissgliederung, die am ovalen, amphitheatralischen Zuschauerraum mit radialer Ausrichtung aufs Proszenium festhält. Nur auf die Beibehaltung der Logen hatte Severin gegenüber Langhans' Nationaltheater konsequent verzichtet und damit eine demokratischere Raumgestaltung aufgegriffen, wie sie erst kurz vorher von Heinrich Gentz für das Liebhabertheater (1802) im sächsischen Bad Lauchstädt entwickelt worden war. So blieb auch im Bereich des Theaters das von Friedrich Franz I. verordnete Prinzip der Gleichheit der Stände gewahrt, hatte er doch dem Baumeister die Bedingung gestellt, *„dass die Herzogliche Familie nicht von der Gesellschaft getrennt werden* [...] *sollte".*[45]
Maßgeblicher Initiator für die Errichtung eines festen Theaters in Doberan war neben dem Herzog vor allem Karl Friedrich Graf von Hahn (1782–1857), der sich in seinem Enthusiasmus für die Bühnenkunst sogar finanziell ruinierte. Einen Großteil der Kosten für die Innenausstattung des Doberaner Theaters soll auf seine Rechnung gegangen sein. Die im Innern, ähnlich wie in Gentz' Theater zu Bad Lauchstädt, sich auszeichnende Holzkonstruktion bestand aus einem erhöht liegendem Parkett, dahinterliegendem Stehparterre und aus Arkaden, hinter denen sich eine Galerie erstreckte, die zum Teil erst in späteren Jahren durch den Einbau von Logen verändert wurde. Die hölzerne Decke und Gesimse sollen sich durch eine geschmackvolle Stuckornamentierung ausgezeichnet haben, deren klassizistisches Formengut zusammen mit der Ikonographie der Außenwände den festlich-heiteren Eindruck eines Musentempels für Apoll verstärkte. Demgemäß verstand sich das Ensemble von Severins neuen Bauten im Badebezirk als eine Art Festplatz für heidnische Götter, deren Hul-

[45] SACHSE 1843, S. 27.

digung allerdings nicht im Ritus antiker Mysterien erfolgte, sondern nur in Gestalt assoziativer Allegorisierung, um den profanen Funktionen menschlicher Vergnügungssucht eine Art weihevolle Legitimation zu verschaffen.
Eine zusätzliche Auszeichnung erhielt das Theater durch seinen Anspruch, als moralische Instanz zu gelten, die dazu eingerichtet wurde, um der Gesellschaft den Spiegel vor Augen zu halten, damit ihr die Unterscheidung zwischen Gut und Böse, zwischen Wahrheit und Heuchelei gelehrt werde. Äußerlich ablesbar wurde dieser aus den Idealen der Aufklärung sich ableitende Aspekt in der über dem Hauptportal angebrachten programmatischen Inschrift *„Erkenne dich selbst"*. Mit dieser Aufforderung erfüllte das Theatergebäude als Hort der Musen Thalia (Lustspiel), Melpomene (Trauerspiel), Polyhymnia (Gesang), Terpsichore (Tanz) und Erato (Musik und Lyrik) eine erzieherische Funktion, die den Besucher darauf wies, über sich und sein Tun im Spiel und Spiegel der darstellenden Künste wenigstens selbst zeitweise moralisch verantwortungsbewusst zu reflektieren. Letztlich schlug sich ein derartiger Anspruch aufklärerischer Gesinnung von Moralität auf der einen Seite und elitärer Alltagsflucht auf der anderen nur in der gehobenen Sphäre der durch eine Inschrift veranlassten Assoziationskette nieder, ohne auch in der architektonischen Gestaltungsweise ablesbar zu werden.
Obwohl Severin in Übereinstimmung mit dem englischen Palladianismus prinzipiell die Kastenform eines griechischen Tempels aufgriff, mangelte es ihm oder dem Bauherrn an der konsequenten Umsetzung der Konzeption eines antiken Musentempels, denn er verwandelte den Bau in eine unentschiedene Mischform, die zwischen repräsentativem Schlossbau und schlichtem bürgerlichen Wohnhaus des Spätbarock liegt, ohne tatsächlich den Anspruch eines dem Musengott Apoll geweihten Bauwerks zu erheben. Schon aufgrund dieser indifferenten Konstruktion und Zweckbestimmung geht der eindeutige Funktionswert des Gebäudes verloren, der eine Zuordnung als Theaterbau nicht notwendig erzwingt, weil bei der verhältnismäßig einheitlichen repräsentativen Baugestalt im Äußeren die im Innern unterschiedenen differenzierten Funktionsbereiche nicht sichtbar wer-

den. Die einzelnen Bauglieder – Bühne, Garderoben, Zuschauerraum – scheinen im Äußern so miteinander verschmolzen zu sein, dass die Multifunktionalität des neuen Bautyps Theater keinesfalls ästhetisch zu erahnen ist. Erst Karl Friedrich Schinkel (1781–1841) – Vertreter einer jüngeren Architektengeneration – gelang es mit seinem Entwurf für das Berliner Schauspielhaus (1819–1821), den adäquaten Baukörper für ein Theater zu entwickeln, bei dem die innere Notwendigkeit der einzelnen Funktionsbereiche in einer plastischen Durchdringung der Baumassen auch nach außen sichtbar wird und zugleich der Anspruch eines Musentempels aus der Gestalt der komplexen Bauform zu erfahren ist. Severin fehlte offensichtlich die für diese Anforderung notwendige Kreativität, kraft der er mit seinem Doberaner Theater vergleichbare Entwicklungsimpulse hätte setzen können.

Das Herzogliche Palais

Als sich am 2. Juli 1806 im Theater zu Doberan der Vorhang zur ersten Aufführung hob, zeichneten sich am Horizont der Geschichte schon die ersten düsteren Wolken von Napoleons baldiger Herrschaft über die meisten deutschen Fürstentümer ab. Für die Baukunst brachen damit harte Zeiten an. Trotzdem wurde auch in diesem schicksalsschweren Jahr 1806, das im Herbst zur Einbeziehung Mecklenburgs in die kriegerischen Auseinandersetzungen mit der Napoleonischen Armee führte, noch der Grundstein für einen weiteren wichtigen Bau im Doberaner Badebezirk gelegt: das Herzogliche Palais. Längst vermochte die schlichte Sommerresidenz der mecklenburgischen Fürstenfamilie im Amtshaus den höfischen Bedürfnissen nach gesteigertem Aufwand nicht mehr zu genügen, weshalb die Errichtung eines prachtvollen Palais immer dringender erschien.

Bedingt durch die Wirren der Zeit, in denen sich Friedrich Franz I. sogar ins Exil zu gehen gezwungen sah, schritt die Vollendung des Gebäudes nur langsam voran. Erst 1809 konnte mit der Einweihung dieses noblen klassizistischen Schlossbaus die architektonische Abrundung der nordöstlichen Spitze des Kamps mit den herzoglichen Kul-

Abb. 37: Das Großherzogliche Palais zu Doberan, kolorierte Lithographie eines unbekannten Künstlers vor 1842.

tur- und Repräsentationsbauten seinen Abschluss finden. Auf diese Weise präsentierte sich noch einmal aristokratische Selbstdarstellung im modernen Gewand. Obwohl sich Severin bei der Grundrisslösung der Innenräume mit ihren enfiladenartigen Dielen im Obergeschoss und dem in halber Tiefe aus dem Baukörper der Gartenseite heraustretenden ovalen Speisesaal, aber auch mit dem aufwendigen Vestibül und dem doppelläufigen Treppenhaus, noch immer am Schema des französischen Barockschlosses zu orientieren genötigt sah, entwickelte er dennoch die Bauaufgabe fürstliches Palais im Sinne des Vorherrschens antikisierender Gestaltungsmuster weiter. Das betraf hauptsächlich den Aufriss der Straßenfassade, jenem der Öffentlichkeit zugekehrten Teil des Gebäudekubus, der in seiner klassizistischen Strenge eindeutig der modernen Ästhetik bürgerlicher Erwartungshaltung Genüge zu leisten hatte. Nunmehr schien sich auch das Schloss in einen Tempel verwandelt zu haben. Gemäß seiner Funktion, die Krönung der gesamten Doberaner Residenzanlage zu bilden, beanspruchte dieses „Tempelschloss" eine abgehobene Repräsentativität, um in Analogie zum Sitz des mächtigen Hauptgottes Zeus als Sommeresidenz des Herzogs überzeugen zu können. Daher begegnen uns hier – unterschieden von Severins sonstigen klassizistischen Bauten – Architekturmotive, die er andernorts nie wieder genutzt hat. Während er üblicherweise die schmucklos reine Formenstrenge der

Abb. 38: Das Großherzogliche Palais in Doberan, Gartenseite, Kolorierte Lithographie eines unbekannten Künstlers um 1830.

Abb. 39: Logierhaus, Salongebäude und Großherzogliches Palais von der Gartenseite, Ölgemälde eines unbekannten Künstlers um 1815.

dorischen Ordnung bevorzugte, treffen wir hier auf elegante ionische Säulen mit ihren heiter und verspielt wirkenden Volutenkapitellen, die sich in ihrer edlen Proportionierung in betontem Gegensatz zur robusten Gedrungenheit der ansonsten archaischere Vorlagen bevorzugenden Rezeptionsweise stellte. Ein gewisses Maß der Absonderung des Residenzbaus gegenüber den übrigen Gebäuden des Badebezirks blieb so gewahrt, ohne dass das Palais, wie eigentlich üblich, sich auch in seiner landschaftsgestalterischen Lage als beherrschendes Architekturwerk zu erkennen gegeben hätte. Nicht mehr an zentraler Stelle oder auf erhöhtem Ort gelegen, wollte der langgestreckte, zweigeschossige Bau gegenüber den bereits vorhandenen Salongebäude, Logierhaus und Theater nun als primus inter pares verstanden werden, der am Rande des Badebezirkes eine strukturelle Brückenfunktion zum Klosterbezirk erfüllte. Dieses Primus-inter-pares-Verständnis des Baukörpers in der Organisation der Ortsstruktur entsprach zudem dem Primus-inter-pares-Verständnis des sich aufgeklärt zeigenden Herzogs gegenüber den Badegästen und einheimischen Bewohnern Doberans. In solch zurückhaltender Art verstand es Severin, mit seiner klassizistischen Architektursprache ein Bild vom politischen Selbstverständnis des Herzogs zu zeichnen, wobei es unerheblich bleibt, wie stark er sich dessen wirklich bewusst war.
Eine Ambivalenz zwischen aristokratischem und bürgerlichem Ausdrucksverlangen äußert sich indessen nicht allein in der für den Doberaner Badebezirk einmaligen Entscheidung für die Verwendung der ionischen Säulenordnung; weitere Architekturmotive lassen gleichfalls diese Unentschiedenheit erkennen. Während das flache Walmdach nur unauffällig hinter der umlaufenden Attika hervortritt, präsentiert sich die Straßenfront in einer betont rationalen Struktur von horizontalen und vertikalen Bauelementen, die zueinander in einem wohlproportionierten Verhältnis stehen. Hier hatte Severin den antiken Lehrsätzen des Vitruvius für die Regeln des Tempelbaus Geltung verschafft, indem er die *„Prinzipien des allseits wohl verteilten Ebenmaßes, (der) symmetria"* konsequent zur Anwendung brachte.[46]

[46] PRESTEL 1911, S. 105.

Abb. 40: Aufriss zum Haus Behrenstraße 62 (Palais Solms-Baruth) in Berlin von Friedrich Gilly.

Offenbar hatte er diese Gestaltungsweise aber nicht unmittelbar aus der antiken Quelle entlehnt, sondern vermittelt über die Auseinandersetzung mit der Berliner Bauschule, deren Antikenrezeption noch vielfach auf Palladios Schaffensprinzipien fußte. Das Aufgreifen zahlreicher Architekturmotive aus Palladios reichem Formenschatz, die nun variiert wurden, sprechen dafür. Dazu gehört in erster Linie das an eine Serliana erinnernde Motiv des dreigeteilten Fensters oder Portals, dessen Bogenstellung von zwei mit geradem Gebälk abgeschlossenen schmaleren Öffnungen flankiert wird. Unter den Berliner Architekten erfreute sich um 1800 gerade dieses Palladiomotiv außerordentlicher Beliebtheit und fand als Thema die verschiedenartigsten Abwandlungen. Beispielsweise begegnen wir ihm schon bei C. G. Langhans' Charlottenburger Theaterfassade (1788/89), in Friedrich Gillys Berliner Palais Solms-Baruth (1798), in Heinrich Gentz' Berliner Münze (1798–1800) oder in H. C. Riedels Entwurf für ein Friedrichdenkmal (1806), wo die Serliana sowohl in klassischer Form mit Bogen über der mittleren Öffnung erscheint oder wo sie modifiziert mit einer Lünette über dem gesamten Gebälk der dreiteiligen Öffnung zur Anwendung gelangte. Severin geht mit diesem Thema am Herzoglichen Palais spielerisch um, indem er es an den flachen Seitenrisaliten in doppelter Variation aufgreift: Während im Erdgeschoss

Abb. 41: Die neue Münze am Werderschen Markt in Berlin von Heinrich Gentz, 1798-1800.

eine halbmondförmige Nische das Gebälk der dreifachen Öffnung überspannt, ist im Obergeschoss ganz auf die Bogenstellung verzichtet und wird bei der breiteren mittleren Öffnung durch ein querliegendes Rechteck ersetzt. Beide Varianten hatte Gentz schon in seiner neuen Münze genutzt und wir können davon ausgehen, dass Severin auf dieses Vorbild zurückgegriffen hatte.

Ein weiteres Architekturmerkmal, welches Severin am herzoglichen Bau dem Motivrepertoir Palladios entlehnte, sind die eingestellten Säulen in einer eingezogenen Vorhalle, die den Kubus des Baukörpers aufbricht und so eine Offenheit des Raumes suggeriert, der sich organisch in die Landschaft einbindet. Um den harmonischen Einklang des Bauwerks mit der Natur zu erreichen, hatte Palladio gerade diese Architekturform, die das Wunschbild von der Aufhebung des Gegensatzes zwischen Kultur und Natur am überzeugendsten darzustellen verstand, in seinen Villen besonders gern genutzt. Die Idee eines neuerstandenen Arkadiens konnte sich darin besonders gut manifestieren. So ist es keineswegs erstaunlich, wenn sich Severin bei grundsätzlich gleicher Gestaltungsabsicht dieses Motivs bediente, zumal es in seiner Funktion dualistisch angelegt war: Einerseits blieb der Baukörper durch die Säulenstellung in der Flucht der Fassade optisch geschlos-

Abb. 42: Gartensaal mit Amor-und-Psyche-Tapete
im Großherzoglichen Palais in Bad Doberan.

sen, während er andererseits durch das Interkolumnium nach außen geöffnet wurde. Zweifellos entsprach diese ambivalente Situation auch der Unentschiedenheit der herzoglichen Stellung zwischen demokratisch sich gebender Jovialität, die standesmäßige Egalität anzustreben schien, und aristokratischer Distanziertheit, die doch wenigstens die Abgehobenheit des Primus inter pares herausgestellt wissen wollte. Beide Ansprüche konnten im Herzoglichen Palais befriedigt werden, denn letztlich paarte sich hier noch immer die Konzeption des herrschaftlichen Lustschlosses mit der der Wiederaufnahme der antiken Villa. In der dem Bürger zugewandten Straßenfront dominieren die Momente antikisierender Villen- bzw. Tempelarchitektur; in den dem privaten Nutzungsbereich vorbehaltenen Innenräumen und an der Gartenfront treten hingegen zusätzliche Repräsentationsmomente der barocken Schlossbautradition hinzu: großzügige Raumordnung in Verbindung mit prunkvoller Innenraumgestaltung und einer repräsentativen Gartenfassade, deren hoheitsvoll festlicher Charakter vom imposanten, oval hervortretenden Mittelrisalit und den zu einem hohen Sockelgeschoss ausgebauten Kellern bestimmt wird.

Zwar lässt sich an der Innendekoration, die sich im Gartensaal immerhin bis 1820 hinzog, die Bevorzugung preiswerter französischer Bildtapeten [47] gegenüber den sonst üblichen Marmorintarsien oder kostbaren Gobelins das Prinzip bürgerlicher Sparsamkeit erkennen, doch tat dies der insgesamt noblen Ausstattung in edlen klassizistischen Formen keinen Abbruch. Aristokratisches Selbstverständnis wurde hier in der intimen Sphäre des Familienkreises mit leichtem Ton der Selbstironie thematisiert, denn die Götter des Olymps, die durch die Darstellung des antiken Märchens von Amor und Psyche anwesend sind, lassen sich mit irdischen Sterblichen ein, um sie letztlich auf ihre eigene Stufe zu erhöhen[48]. Was anderes stand in Serenissimus' Absicht, als er den Ausbau Doberans zum Modebad favorisierete? Schuf er diesen idyllischen Lustort der Freude, des Frohsinns, der Heiterkeit und geselligen Festivitäten mit all seinen von Severin errichteten klas-

---

[47] Vgl. WINKLER-HORAČEK/REITZ 2008.

[48] Vgl. KOSCHKE 1992, S. 75-77.

sizierenden, tempelhaften Gesellschaftsbauten letztlich nicht als einen irdisch gewordenen, bürgerlich-aristokratischen Olymp, wo göttliche Vergnügungen für alle Stände in Erfüllung gehen sollten? Was war dafür besser geeignet als das antike Märchen *Amor und Psyche* von Apuleius, dessen Illustration in den Schlossräumen ein Fest der Liebe zur Anschauung bringen? Die Anlage eines englischen Gartens im Herbst des Jahres 1812 durch Obergärtner Schwer[49], gleich hinter dem Palais, unterstreicht nur zusätzlich den Wunsch nach der Schaffung einer solch arkadienhaften Idylle.

Das Grabmonument für Herzogin Louise

In der schwierigen Zeit der Napoleonischen Ära, unter der auch Mecklenburg schwer zu leiden hatte, war die Finanzkasse des Hofbauamtes und auch die Doberaner Badeintendantur nahezu gänzlich erschöpft, und es blieb nur wenig Spielraum, neue architektonische Projekte in Angriff zu nehmen. Zwar durfte Friedrich Franz I. schon nach kurzem Exil in Altona am 10. August 1807 in sein Herzogtum zurückkehren, doch die Realisierung des weiteren Ausbaus von Doberan-Heiligendamm zum idyllischen Lustort und Luxusbad kam nur schleppend voran. Wenn auch für kulturelle Aufgaben jetzt keine Finanzmittel zur Verfügung standen, so machte doch der Tod der Herzogin Louise von Mecklenburg-Schwerin, am 1. Januar 1808, die Errichtung eines Grabmonuments erforderlich. Offensichtlich hatte der Herzog zur Erstellung der Pläne seine Baumeister zum Wettbewerb aufgefordert, denn neben Severin lieferte auch der spätere Ludwigsluster Hofbaumeister Johann Georg Barca (1781–1826) Entwürfe. Die Vorschläge beider Architekten folgten deutlich der Mode in der damaligen Sepulkralbaukunst, denn beide orientierten sich an der archaisch-geometrisierenden Formensprache altägyptischer Architekturen. Severin hatte sich dabei in seinem Entwurf auf Vorlagen gestützt, wie sie in vergleichba-

[49] Acta betr. Die Anlage eines „englischen Gartens" 1812. In: Mecklenburgisches Landeshauptarchiv. Kabinett I, Vol. 2007/11061, Blatt 2.

rer Strukturierung schon vom französischen Architekten Raux (tätig 1758/78)[50] und später von seinem Lehrer Langhans (1784) entwickelt worden waren.[51] Severins eigener kreativer Beitrag hielt sich dabei in Grenzen, denn nur geringfügig hatte er deren Risse – hauptsächlich im Bereich der Bauornamentik – modifiziert, weshalb zu vermuten ist, dass Barcas weit eigenständigerer und nicht ganz so prononciert ägyptisierender Entwurf zur Ausführung gelangte.

Abb. 43: Entwurf zu einem Mausleum für Louise Herzogin von Mecklenburg-Schwerin, Tuschezeichnung von Carl Theodor Severin.

Die Wahl der Pyramidalform für Mausoleen trug natürlich Sinnbildcharakter und stellte sich als Zeichen der Herrschaft des Todes in die Tradition altägyptischer Königsgräber. Seit dem Aufkommen der französischen Revolutionsarchitektur in der zweiten Hälfte des 18. Jahrhunderts hatte diese Art der Rezeption archaischer Bauformen einen besonderen Stellenwert erhalten, weil sich in ihren robusten, geometrisierenden Elementarformen das bürgerliche Streben nach rationalistischer Durchdringung der Baugestalt am offenkundigsten dokumentierte. Indirekt fanden so Ideale einer neuen, „revolutionären" Ästhetik einer nur von Vernunft diktierten Architektursprache ihren Ausdruck in der Grandiosität und Erhabenheit der baukünstlerischen Formgebung. Vermutlich wird diese Inhaltsdeutung Serenissimus von der Ausführung des Severinschen Entwurfs im Ludwigsluster Schlosspark abgehalten haben.

[50] Vgl. Lemma „Raux", in: THIEME/BECKER o. J., S. 47.
[51] Vgl. LISSOK 1990, S. 90-91, Abb. 81.

Abb. 44: Der Doberaner Kamp mit chinesischen Boutiquen und Pavillons nach A. Achille.

Pavillons, Tempel und Pagoden

Um trotz der angespannten politischen und finanziellen Situation Mecklenburgs in der Zeit seiner Zugehörigkeit zum Napoleonischen Rheinbund keinen allzu großen Stillstand eintreten zu lassen, sann der Herzog auf preiswertere Möglichkeiten des Bauens. Er fand sie in der altbewährten Holzkonstruktion, die traditionell im bescheidenen bürgerlichen Wohn- und Nutzbau ihre wichtigste Existenzform gefunden hatte, im Repräsentationsbau allerdings nur selten Verwendung fand. Eine originelle Lösung bot sich ihm in der Hinwendung zum Vorbild Ostasiens, denn Pavillons, Tempel und Pagoden waren in Fernost, wie es Reiseberichte dokumentierten, sehr häufig in hölzernen Konstruktionen errichtet worden. Überdies galten China und Japan, über die Missionare und Handelsreisende zumeist recht positive Berichte nach Europa geliefert hatten, seit der frühen europäischen Aufklärung als Wunschwelten und Sehnsuchtsmodelle, in denen sich die utopischen Vorstellungen von ewigem Glück und Zufriedenheit, aber auch von der Herrschaft konfuzianischer Weisheit, zu erfüllen schienen[52]. Schon im ausklingenden Barock bzw. Rokoko hatten Fürsten, die sich in ihren philosophischen Regierungsprogrammen den Grundsätzen

[52] Vgl. VOGEL 1996, S. 188-212.

Abb. 45: Der Trichter auf dem Kamp in Doberan von Carl Theodor Severin, Foto 2018.

der Humanität verpflichtet fühlten, bevorzugt das ostasiatische Modell in ihre Baukonzeptionen mit eingebunden. Das Japanische Haus mit Sinesischer Küche, die Friedrich der Große (1712–1786) von Johann Gottfried Büring (1723–nach 1788) schon 1754/56 bzw. 1763 für seinen Park von Sanssouci hatte entwerfen und bauen lassen, zählen zweifellos zu den eindrucksvollsten Bauten dieser Richtung. Mit ihren Schweifdächern und fremdartigen Schmuckformen bewirkten diese exotischen Lusthäuser in ihrem jeweiligen landschaftlichen Ambiente einen überraschenden malerischen Effekt, der die Besucher fürwahr in eine fremde Welt zu verzaubern schien. Was konnte demnach für die Ausgestaltung Doberans reizvoller sein, als diese fernöstlich anmutende Lustbarkeit eines chinoisen Pavillons ins Herz des Badebezirks zu setzen? Dort, mitten auf dem Kamp, der alten Viehweide, wo im Sommer Karussell gefahren wurde und nachher das Provisorium eines Logier-Zeltes für die Verabreichung von Erfrischungen stand, wollte der Herzog von seinem Bauconducteur Severin *„ein lichtes Gebäude in Form eines Trichters aufführen lassen, welches die Stelle von dem Zelte des Logierhauses, und zugleich das des Restaurateurs er-*

Abb. 46: Das von David Gilly (1748-1808) errichtete Chinesische Haus mit Grotte und Infantenbrücke in Paretz, Gouache von 1806.

setzen könnte".[53] Sieht man von dem 1770 errichteten kleinen *„Affentempel"* im Ludwigsluster Schlosspark einmal ab[54], hielt mit Severins *„Trichter"*, der rasch zum *„Musik-Saal"* bzw. *„-Tempel"*[55] umfunktioniert wurde, die ostasiatische Bauform in Mecklenburg erstmals ihren Einzug. Bemerkenswert ist in diesem Zusammenhang die Tatsache, dass auch hier die Rundform, ähnlich wie bei seinen Vorgängerbauten in Sanssouci, in Monceau oder im Petit-Trianon, mit dem höfischen Lieblingsspielzeug des Rokokos, mit dem Karussell, in eine strukturelle Verbindung gebracht werden konnte[56]. Sein tändelnd spielerischer Ansatz, für vergnügliche Abwechslung zu sorgen, blieb demzufolge auch nach 1800 noch ausschlaggebend, zumal das Karussell oder Ringelspiel, wie es seinerzeit auch genannt wurde, in einem Pleasure Garden stets auf die irdischen Freuden im Glücksland China wies.[57] Selbst auf dem Gebiet der Verwendung ostasiatischer Architekturformen konnte Severin auf Muster zurückgreifen, die seine Ber-

---

[53] Mecklenburgisches Landeshauptarchiv Schwerin: Acta Großherzogliche Bade Intendantur Doberan Nr. 329, Bauten Doberan, betr. der Erbauung des Trichters auf dem Camp zu Doberan 1808. Blatt 1.

[54] Vgl. BRANDT 1925, S. 20, 28, 111 (Abb.); - VOGEL 2004, S. 368, Abb. 171.

[55] Mecklenburgisches Landeshauptarchiv Schwerin: Acta Großherzogliche Bade Intendantur Doberan Nr. 329 Bauten Doberan. betr. der Erbauung des Trichters auf dem Camp zu Doberan 1808, Blatt 8.

[56] Vgl. HARKSEN 1993, S. 50-53; - DELORME 1996, S. 195 und S. 240-243.

[57] Vgl.: BERGER 1995, S. 306-308.

Abb. 47: Partie vom Chinesischen Haus im Garten des Landsitzes des Königl. Hofmarschalls von Massow zu Steinhöfel in der Churmark Brandenburg belegen, Aquatinta von J. G. Schumann nach Friedrich Gilly, um 1797/99.

liner Lehrer und Vorbilder entwickelt hatten. David Gilly (1748–1808) gestaltete zum Beispiel für die preußischen Gutsschlösschen Steinhöfel und Paretz jeweils Gartenpavillons, bei denen chinoise Baumotive Verwendung fanden. Sowohl der polygonale Pavillontypus von Paretz[58] als auch der auf quadratischem Grundriss sich erhebende Kiosk in Steinhöfel[59] könnten für Severins Entwurf anregend gewirkt haben, obgleich er deren Grundform dahingehend abwandelt, dass er das leicht geschwungene, trichterförmige Kegeldach durch einen Säulenumgang auffängt, um eine Kolonnade zu erhalten, die der Badegast bei schlechtem Wetter zugleich als Promenaden-Ersatz nutzen konnte. Vergleichbare klassizistische Kolonnaden waren auch in anderen Badeorten zu einem beliebten Bautypus avanciert, wo sie vor allem die Brunnenhäuser schmückten. Severin sollte dieses Motiv auch bei den später auf dem Kamp errichteten Gebäuden, den beiden chinoisen Boutiquen-Galerien und dem Musik-Tempel, wieder zur Anwendung bringen, um an diesem Platz die Möglichkeiten einer geschützten Promenade für den Kurgast zu erweitern. Wäre da nicht

[58] Vgl.: LAMMERT 1964, S. 103-105; - VOGEL 2004, S. 376-377, Abb. 198; - STIFTUNG PREUßISCHE SCHLÖSSER UND GÄRTEN BERLIN-BRANDENBURG 2000, S.2-23.

[59] Vgl. LAMMERT 1964, S. 67; - VOGEL 2004, S. 369, Abb. 179.

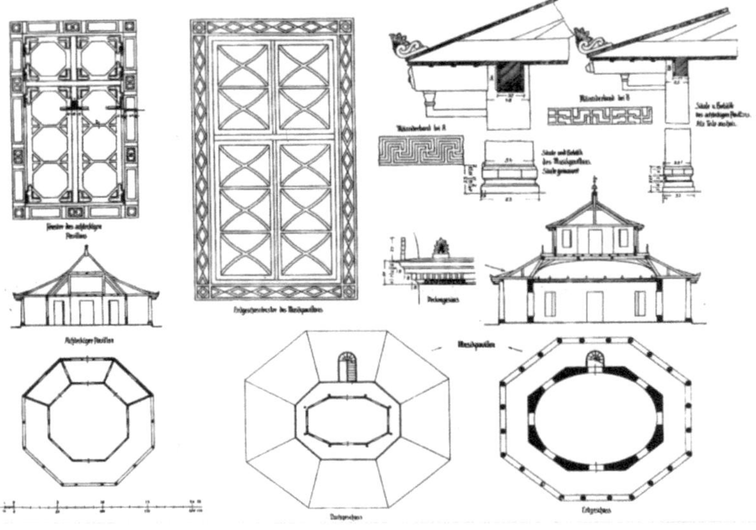

Abb. 48: Details von den Türen und Fenstern am Trichter in Bad Doberan.

die geschwungene Dachform, die von Schindeln bedeckt ist und in einem großen Knauf zusammenläuft, und gäbe es nicht die chinoisen Details in der das Dach tragenden Balkenkonstruktion sowie bei den ornamentalen Sprossengittern an Fenstern und Türen, so bliebe in diesem Gebäude die Assoziation einer fernöstlichen Wunschwelt äußerst schwach, denn der *„Trichter"* präsentiert sich in erster Linie in einer streng klassizierenden Formensprache, die sich harmonisch in das bisherige Architekturensemble des Doberaner Badebezirks einzuordnen sucht. Auf diese Weise gewinnt der wohlrhythmisierte Abstand der dorisch wirkenden Holzsäulen, die das überkragende Dach stützen, den Charakter eines Rundtempels von beinahe antikem Gepräge, und die chinoisen Formen bleiben nur aufgesetzt.

Während der kleine, trichterförmige Tempel zur Beherbergung der Kurkapelle bestimmt war, entstanden bald weitere Pläne zur Ausschmückung des Kamps, um diesen Ort als zentralen Platz der Geselligkeit und des Vergnügens für die Badegäste noch weiter zu steigern. Dazu gehörten *„zwei...Boutiquen und ein weiterer Musiksaal",* die 1810 bis 1812 im chinesischen Geschmack erbaut wurden. Auch bei diesen Gebäuden, die die Nordseite des Kamps abschlossen, griff Severin grundsätzlich auf das im *„Trichter"* vorgegebene klassizistische Formengut zurück, das er im Interesse der Assoziationskraft einer fernöstlichen Wunschwelt abermals durch chinoise Strukturen überlagerte. Bemerkenswerterweise richtete er dabei nicht so sehr sein Hauptaugenmerk auf die Erzeugung eines Eindrucks von heiterer Verspieltheit in einer exotischen Welt, vielmehr lag ihm die imposante Wirkung eines repräsentativen Gesamtensembles am Herzen, dessen trotz aller fernöstlichen Anspielungen dennoch klar zutage tretende klassizistische Formenstrenge die gestalterische Geschlossenheit des Doberaner Badebezirkes zu wahren wusste. Dafür spricht nicht nur die beachtliche Vergrößerung des *„neuen Musiktempels"* gegenüber dem kleinen Trichter, sondern auch die streng symmetrische Anordnung aller Gebäude zu einem in sich geschlossenen System. Die jeweils rechts und links vom *„neuen Musiksaal"* auf bogenförmigen Grundriss sich erhebenden Boutiquen nahmen mit ihrem überragenden Schweifdach, das in der Vorderfront von Holzsäulen gestützt wurde, das Motiv des Laubenganges wieder auf, durch den sich der Baukörper in asiatischer, aber auch griechisch-antiker Weise dem Außenraum öffnet und damit eine enge Verbindung zwischen Gebäude und Natur herstellt. In ihrer eingeschossigen Struktur waren sie dem älteren „Trichter" so verwandt, dass sie letztlich wie dessen „aufgerollter Aufriss" erschienen.

Neben dem Zweck, verschiedenen kleinen Kaufläden zur Behausung zu dienen, erfüllten auch diese Bauten die Funktion einer klassizistischen Kolonnade, die für jeden Kurort der damaligen Zeit zwingend zur Badearchitektur zu gehören schien. Von dieser Aufgabenstellung her erklärt sich vermutlich ihr auf schlichte, aber dennoch würdevolle Repräsentation bedachter Charakter. Im Sinne Palladios hatte Severin in seinen chinoisen Bauten auf klar strukturierte Gliederung und ausgewogene Proportionierung der einzelnen Baukörper zueinander geachtet und dabei weitgehend auf dekoratives Beiwerk verzichtet. Eine Einbeziehung von ostasiatischen Formenelementen erfolgte ganz in diesem Rahmen, denn in ihrer sachlichen Nüchternheit – bezogen auf die elementare Geometrisierung von Kegeldach, kapitellloser Säule, weitgehend kubisch geschlossenem Baukörper des jeweiligen Gebäudekerns und klarer Grundrissform – erwiesen sich die chinoisen Bauglieder lediglich als Modifikation der ohnehin dem strengen Klassizismus zur Verfügung stehenden Ausdruckssprache. Damit hatten Severins architektonische Chinoiserien im klassizistischen Gewande endgültig den ausschweifenden Phantasiegebilden fernöstlicher Architekturimitate in den europäischen Parks ein Ende bereitet.

Das chinoise Element war demzufolge nicht so stark der assoziativen Erzeugung einer exotischen Traumwelt verpflichtet, vielmehr kam es einer architektonischen Aufwertung der zur Promenade dienenden Arkadengänge gleich, durch die die gesellschaftliche Begegnung zwischen den Kurgästen auf exklusive Weise gefördert werden sollte. Demgemäß waren die Galerien mit Kramläden und Boutiquen, aber auch die Musik- und Spielsäle, ihrer banalen Zweckbestimmung enthoben, sodass in der tempelhaften Anlage *„die Jünger der Musik und des Merkur, die sich bisher mit einfachen Zelten hatten begnügen müssen, solide und ehrwürdige Räume für ihre Betätigung“* fanden.[60]

Zugleich erwuchs der Badeintendantur durch die Verpachtung dieser zentral gelegenen Vergnügungsstätten eine bedeutende Einnahmequelle. Weil durch den Umzug der Kurkapelle in den neuen *„Musik-Tempel“* im kleineren *„Trichter“* Platz geworden war, richtete man dort ein Billard mit Restauration ein, so dass insgesamt in der chinoisantiken Tempelanlage des Kamps der Kurgast den Göttern Apoll, Mercur, Bacchus und Fortuna huldigen konnte. Egoistisches Genussverlangen der Kurgäste fand in diesem Bezirk vielfache Befriedigung, wobei die weihevolle Sphäre tempelartiger, exotischer Architekturformen diesen profanen Gelüsten einen durch bildungsbürgerlichen Anstrich gefärbte Legitimation der Nobilitierung verschaffte, durch die die profane Wallfahrtsstätte des Badebezirks als paganer Gegenpol zum christlichen Wallfahrtsort des Klosterbezirks aufgewertet wurde, ohne dass die konträren Bereiche miteinander in Konflikt geraten wären. Letztlich ging es nur um die weihevolle Aura jeglichen Tuns, hier am idyllischen Ort der Glückseligen.

---

[60] NIZZE 1936, S. 68.

Das Seehospiz in Heiligendamm

Im Interesse der Rationalisierung des staatlichen Bauwesens im Herzogtum Mecklenburg-Schwerin wurde am 29. April 1809 eine neue Verwaltungsstruktur eingeführt, die neben dem Hofbauamt in Ludwigslust noch Bauverantwortliche im Kammerkollegium vorsah. Das heißt, die Dominalämter wurden in fünf Baudistrikte eingeteilt, für das jeweils ein Landbaumeister verantwortlich war. In diesem Zusammenhang wurde Carl Theodor Severin zum Landbaumeister des Rostocker Baudistrikts berufen und fortan unterstanden ihm die Ämter Bützow, Doberan, Ribnitz, Rostock, Rühn, Schwaan, Sülze und Toitenwinkel. Obgleich sich mit dieser neuen Verpflichtung Severins Aufgabenbereich enorm erweiterte – hatte er doch unter anderem baupolizeiliche Funktionen, Rechnungsführung, Etateinhaltung, Aufsicht über die ihm unterstellten Baubeamten und andere amtliche Obliegenheiten zu erfüllen – blieb nach bisherigem Kenntnisstand sein künstlerischer Wirkungsradius dennoch verhältnismäßig klein auf seine Schwerpunkttätigkeit in Doberan und Heiligendamm begrenzt. Hier siedelte er sich mit seiner Familie um 1810 an und von hier aus nahm er auch seine verwaltungstechnischen Verpflichtungen wahr. Im Großen und Ganzen werden es wohl Kontrollfunktionen gewesen sein, denen er in den einzelnen Bauämtern nachzukommen hatte, woraus sich erklärt, dass sein architektonischer Einfluss, abgesehen von Einzelaufträgen, relativ gering blieb. Überdies zeichneten sich die Regionen, deren Bauverwaltung er vorstand, nicht gerade durch eine günstige Auftragslage aus, denn potentiell gab es in den dünnbesiedelten ländlichen Distrikten, die außer der alten Hansestadt Rostock nur noch einige kleine Ackerbürgerstädte umfasste, kaum finanzkräftige Bauherren, die Severins Dienste für aufwendige Baumaßnahmen in Anspruch genommen hätten. Mehr oder weniger kam es so nur zur Errichtung einfacher Nutzbauten, deren äußeres Gepräge wohl architektonischen Grundnormen zu genügen hatten, freilich ohne künstlerische Ambitionen damit zu verbinden.

Gelegentlich wurde auch Severin zum Entwurf derartiger Zweckbauten veranlasst, deren Gestaltungsstrukturen zumeist auf den Traditio-

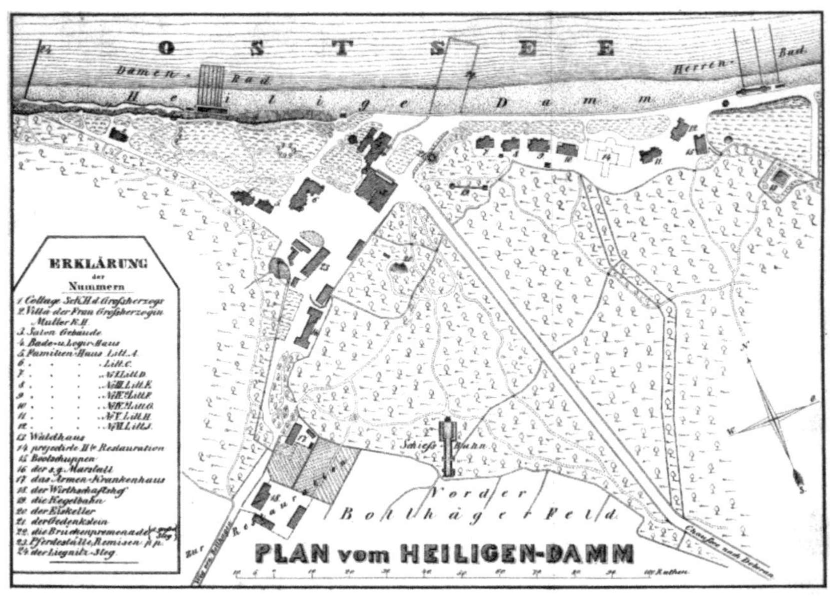

Abb. 49: Plan von Heiligendamm mit Lage des Seehospizes (Armenkrankenhauses), Nr. 17 auf der Legende, Plan von 1858.

nen der einheimischen Volkskultur, den bäuerlichen Wohn- und Wirtschaftsgebäuden, fußten. Hierzu ist neben den vielen schlichten Wohnhäusern für hauptsächlich Doberaner Bürger auch das Seehospiz oder Armenkrankenhaus zu zählen, das 1810 die Freimaurerloge aus philanthropischen Erwägungen heraus in Heiligendamm stiftete, damit auch Einzelfälle der unterprivilegierten Bevölkerung Zugang zur Heilwirkung des Seebades erhielten. In ihrem auf Vollendung der Menschheit gerichteten Humanitätskult erstrebten die Logenbrüder nach beständiger moralischer Vervollkommnung, was sie zur Schaffung von Werken der Barmherzigkeit und Menschenliebe veranlasste, indem sie die Gründung und Pflege von wohltätigen Instituten betrieben. Die Stiftung des Heiligendammer Seehospizes gehörte in dieses Programm. Selbstredend galten für derartige humanitäre Einrichtungen das Prinzip der höchsten Sparsamkeit, was ihre schlichte Nutzfunktion ohne jeden architektonischen Aufwand erklärt. Aus diesem Grunde, aber mehr noch, um die Erbärmlichkeit der kranken Armen nicht mit der Lebenslust und dem gehobenen Lebensstil der eleganten Badewelt konfrontieren zu müssen, wurde für das Seehospiz ein Platz gewählt, der abseits vom eigentlichen Badedistrikt lag und zusätzlich durch einen Garten vom Badehaus getrennt wurde. Wie sehr sich trotz aller christlichen Nächstenliebe das reiche Badepublikum vom Anblick der Armen belästigt fühlte, macht die Tatsache bewusst, dass das Armenkrankenhaus bereits 1844 wieder abgebrochen und an einer noch entlegeneren Stelle wiederrichtet wurde.

Das Kurhaus in Heiligendamm

Im Jahre 1812 verschärften sich mit der Verhängung der Kontinentalsperre und der Beteiligung vieler Söhne Mecklenburgs am Russlandfeldzug Napoleons die Drangsale, die das Land zu erdulden hatte. Verbunden mit einer ungeheuren Teuerung, die nun Mecklenburg überzog, blieben in Doberan selbst während der Saison der größte Teil der Gäste weg. An idyllische Lustbarkeiten und auch an den weiteren Ausbau des Badeortes war unter diesen Umständen zunächst nicht zu denken. Vielleicht war es das Ausbleiben der vielen Kurgäste, die es spürbar werden ließen, dass auf Dauer die Zweiteilung des Seebades zwischen Doberan und Heiligendamm dem Aufblühen des Ortes doch nicht so zum Vorteil gereichte, wie es ursprünglich Prof. Vogel darzustellen gesucht hatte. Jeden Vormittag mussten die Kurgäste zum Baden an die Küste fahren und gegen Mittag kehrten sie nach verabreichter Seetherapie von dort zurück. Außer den unmittelbaren Badeeinrichtungen fand sich am Heiligendamm kein Aufenthaltsort, wo sich die Patienten und Gäste in stiller Geruhsamkeit entspannen konnten oder wo für Abwechslung und Zerstreuung gesorgt war. So wuchs zunehmend das Bedürfnis nach einem „Empfangs-, Gesellschafts-, Tanz- und Speisehaus", zumal im alten Seydewitz'schen Badehaus die Räumlichkeiten an bestehenden Badezimmern längst nicht mehr ausreichten und nach Vergrößerung verlangten. 1814 wurde deshalb ein Neubau in Angriff genommen, dessen Abschluss sich bis 1816/17 hinzog. Severin musste seine Anlage so planen, dass sie den realen Bedürfnissen nach Multifunktionalität – wie es ein mo-

Abb. 50: „Salon und Logierhaus zu heilige Damm bei Dobberan" (Empfangs-, Gesellschafts-, Tanz- und Speisehaus in Heiligendamm), kolorierter Stahlstich nach einer Zeichnung von Julius Gottheil, um 1856.

dernes Kurhaus nun einmal forderte – gerecht zu werden vermochte. Zweckmäßigkeit und Repräsentationsverlangen waren die beiden Hauptforderungen, die der Bau dabei zu erfüllen hatte und die es auch gelang, geschickt miteinander zu koppeln.

Da es für die Spezifik des Bautyps eines Seebad-Kurhauses bislang noch keine entwickelten Vorbilder gab, ist es nicht erstaunlich, wenn Severin, wie schon früher, Ausschau nach geeigneten Modellen im binnenländischen Badewesen suchte. Er fand sie in den peristylartigen Brunnenanlagen, wie sie zahlreiche Kurorte – etwa Karlsbad oder Marienbad in Böhmen – aufzuweisen hatten und ihre Herkunft letztlich vom römischen Wohnhaus ableiteten, dessen Charakter sich gleichfalls durch Multifunktionalität ausgezeichnete.[61] Um auch den Anspruch nach Repräsentation genügen zu können, setzte Severin dem antiken Wohnhausmodell noch einen langgestreckten Saalbau vor, dem er durch eine geräumige, eingezogene Säulenvorhalle in dorisch-toskanischer Ordnung die Würde eines tempelartigen Bauwerks verlieh. Damit treten auch bei diesem Bau die assoziationsästhetischen Absichten deutlich hervor, die sich zusätzlich im ikonographischen Programm der Gesamtanlage manifestiert: Hygieia, die Göt-

[61] Vgl. CAMESASCA 1983, S. 50-55.

Abb. 51: Basreliefs am Badehaus in Heiligendamm mit Darstellung der Hygieia, Foto 2018.

tin der Heilkunst, wird hier durch ein Basrelief im Mitteleingang verehrt und weitere Reliefs mit der Darstellung von Tritonen und Nereïden jeweils zu deren Seiten, spielen als Meeresgottheiten auf die Spezifik des Ortes an, wo sich die Heilkunst mit den Kräften der See verbindet. Derartige assoziationsästhetische Programme hatte C. C. L. Hirschfeld in seiner Gartentheorie zur Verschönerung von Gebäuden und Plätzen in Brunnenorten empfohlen, wo unter anderem *„Musikhäuser, Tanzhäuser, Speisehäuser, Trinkhäuser, Spielhäuser oder Kabinette* [...] *als Tempel gebauet, charakteristisch verziert und anmuthig umpflanzt werden* [sollten]" und wo Statuen des *„Aesculap, oder der Göttin der Gesundheit"*[62] ihren Standort finden konnten. Severin war nur konsequent, wenn er diese Empfehlungen auf die konkreten Gegebenheiten des Kurhauses von Heiligendamm übertrug. Dementsprechend ergänzte die vom Rostocker Philologen verfasste Attikainschrift „HEIC TE LAETITIA INVITAT POST BALNEA SANUM" (*„Frohsinn empfängt dich hier, entsteigst du gesundet dem Bade"* bzw. *„Hierher lädt die Freude dich, den nach dem Bade Gesunden"*) zusammen mit der Uhr im Tympanon das bildhafte Programm dieses Gebäudes, da es nicht nur seine Zweckbestimmung selbst erläutert, sondern mit dem Aufgreifen des Chronossymbols der Uhr auch auf die Anwesenheit des Todes sogar an diesem arkadischen Lustort weist. Gerade die Erzeugung dieses arkadienhaften Eindrucks war es, worauf des Seve-

[62] HIRSCHFELD 1785, S. 88.

Abb. 52 (linke und rechte Seite): Basreliefs am Badehaus in Heiligendamm mit Darstellung der Nereïden und Tritonen, Fotos von 2018.

rin bei der Gestaltung des Kurhauses ankam. Hierin ist auch der Grund zu suchen, weshalb er abermals eine architektonische Motivwelt bemühte, deren wunschbildhaftes Credo schon Andrea Palladio unter dem Einfluss oberitalienischer Humanistenkreise darzustellen versucht hatte.

In erster Linie gehört die sich der Sonne und dem Meer weiträumig öffnende Säulenhalle zu den Palladiomotiven, deren sich Severin bediente. Im Gegensatz zu Seydewitz' Badehaus, das abgekehrt vom Meer in seiner allseits verschlossenen Struktur die nahe Naturgewalt des Wassers offenbar noch als potentielle Bedrohung begriff, bezog Severin beim Kurhaus das landschaftliche Umfeld voll mit ein. Demgemäß lenkte er auch den Blick des Besuchers bewusst hinaus aufs Meer, wo ihm ein tiefes Naturempfinden zuteil werden konnte, dass in seiner berückenden Großartigkeit romantische Einsichten gewährte, wie sie auf ähnliche Weise die Bildkunst eines Caspar David Friedrich erzeugte[63]. Ähnlich verhält es sich mit dem Motiv der beiderseits der Säulenhalle befindlichen großen Thermenfenster, die die flankierenden Wandflächen derartig aufbrechen, dass der dahinter liegende Innenraum – trotz Nordlage – von Licht durchflutet wird. Diese Art Lichtwand, die die dreigeteilten Thermenfenster mit Lünettenabschluss ermöglichten, hatten schon in den römischen Antonius- bzw. Caracallathermen für eine bemerkenswerte Verbindung zwischen Außen- und Innenraum gesorgt und Palladio hatte sich dieses Bauelements in seinen Villentempeln wiederholt bedient, um die Natur in Gestalt des Lichtes weit in den Innenraum hineintreten zu lassen. Wenn Severin bei der Wahl der Säulenordnung für das Kurhaus eine Mischform aus dorischer und toskanischer Säule wählte, so lässt auch dieser Umstand seine intensive Auseinandersetzung mit den Werken Palladios erkennen, denn die unkannelierte toskanische Säule wurde von ihm hauptsächlich für den Gebrauch von Villen empfohlen, wo weite Interkolumnen gefordert waren, die ein Ineinanderfließen von Außen- und Innenraum begünstigten.

---

[63] Z. B. Caspar David Friedrich: Der Mönch am Meer. 1810. Berlin, Staatliche Schlösser und Gärten. Schloss Charlottenburg. Vgl.: BÖRSCH-SUPAN/JÄHNIG 1973, S. 302-304, Nr. 168.

Severins Dorismus hingegen resultiert noch aus einer Auseinandersetzung mit der französischen Revolutionsarchitektur, deren theoretische Vorstellungen einen bildhaften Zusammenhang zwischen dorischer Säule und Demokratie herstellten.[64] Ihr Gebrauch im Kurhaus entsprach der damaligen Auffassung von Friedrich Franz I., was seine Einstellung über die Gleichheit der Stände beim Bade anbelangt. Letztlich nutzte er aber auch dieses egalisierende Architekturmotiv nur im Sinne einer autoritären Selbstverherrlichung, die sich des antikisierenden Formenschatzes unter dem Aspekt der ästhetischen Legitimation des eigenen Herrschaftsanspruchs bediente. Gesteigerte Repräsentation, wie es der Besucher eines eleganten Luxusbades forderte, war unter dieser Voraussetzung allemal garantiert. Diente der

---

[64] Bereits Vitruv (*84 v. Chr.), der große Architekturtheoretiker der römischen Antike, hatte in seinem Traktat „De architectura libri decem" („Zehn Bücher über Architektur") auf die Funktion der Säule und deren tiefere Bedeutung in ihrer ästhetischen und architektonischen Wirkung hingewiesen und ihre Hoheitsform als Zeichen höchster Würde herausgestellt. Dabei wies er dem Charakter der drei klassischen Säulenordnungen im Tempelbau jeweils bestimmte Bau- und Dekorationsaufgaben zu. So brachte er z. B. den Charakter der dorischen Ordnung mit den starken Göttern Mars, Herkules und Minerva in Verbindung. In der Renaissance war es dann der italienische Architekt und Architekturtheoretiker Sebastian Serlio (1475-1554), der in seiner Säulenlehre, der Schrift „Regole generali di Architettura sopra le cinque maniere de gli edifici ..., Venedig 1537" den Charakter der antiken Säulenordnungen vom Tempelbau der heidnischen Götter auch auf christliche und profane Inhalte übertrug und damit eine Konvention für den Charakter der Säulenordnungen entwickelte, die von Fachleuten und gebildeten Laien anerkannt wurde. Damit schuf er die Voraussetzung „Architektur in Bildern" zu sehen und zu lehren. (vgl. FORSSMANN 1956, S. 31-34 u. S. 61-62). Der französische Architekt und Theoretiker der französischen Revolutionsrarchitektur, Etienne-Louis Boullée (1728-1799), setzte die von Vitruv und Serlio überkommenen Überlegungen zum Charakter der Säulen fort und verwendete z. B. die dorische Ordnung für den Entwurf eines Gemeindepalastes, „ein[es] *Haus*[es], *das allen gehört. An diesem Ort bringen die Bürger ihre Beschwerden vor, und dort nehmen sie an den wichtigsten Debatten teil. Der äußere Eindruck dieses Monumentes muß würdevoll sein;* [...]. *Als ich über den Schmuck nachdachte, der zu ihm passen würde, entschied ich, dass sein Charakter stolz und kraftvoll sein müsse, wie es Republikanern entspricht. Ich habe demnach versucht, im ganzen Baukörper einen machtvollen Gesamteindruck zu entwickeln.* [...] *Um zu erreichen, dass man die Bestimmung dieses Monumentes erkennt, und um* [...] *es als das gemeinsame Haus aller zu charakterisieren, sah ich Galerien vor, die alle miteinander verbunden waren, und unzählige Öffnungen, so dass eine Vielzahl von Menschen ohne Durcheinander frei ein- und ausgehen könnte.*" (BOULLÉE 1987, S. 106). Für diese Galerien, wählte Boullée die kraftvoll und stolz wirkende dorische Ordnung, die für den Baumeister der Revolutionsarchitektur die Kraft und Stärke eines republikanischen Gemeinwesens verkörpert. Zugleich erlaubt die monumentale Säulenstellung der dorischen Ordnung „*ein Spiel von Licht und Schatten, durch die malerischen Formen*, [wie sie für pittureske Orte wie Heilbäder, die in der Regel] *eine hübsche Umgebung* [mit] *heiter-angenehme*[n] *öffentliche*[n] *Promenaden,* [...] *Boulevards usw.* [aufweisen]", als Charkter wünschenswert sind.

Abb. 53: Heilgendamm, „Colonnaden" (Kurhaus), Postkarte um 1900.

Kopfbau des Kurhauskomplexes mit seiner tempelartigen Fassade hauptsächlich zur Repräsentation und dem geselligen Verkehr, so wurden die rückseitig lagernden Gebäudeteile eher von nüchterner Zweckbestimmung geprägt.

Um im benachbarten alten Badehaus Platz für zusätzliche Badezimmer zu gewinnen, wurden von dort alle der Verwaltung dienenden Abteilungen in den rückwärtigen Gebäudetrakt verlegt. Das betraf unterschiedlich genutzte Wirtschaftsräume und die Wohnung des Badeinspektors, die so geräumig bemessen war, dass er einen Teil davon an Badegäste vermieten konnte. Zusammen mit neun weiteren Logierzimmern gruppierten sich diese Funktionsbereiche in zweckdienlicher Anordnung um das Rechteck eines Arkadenhofs, dessen peristylartiger Charakter besonders bei Regenwetter die willkommene Möglichkeit zur Promenade in frischer Luft schuf. Damit hatte Severin den für einen Kurort unentbehrlich scheinenden Typ der Kolonnade auch nach Heiligendamm versetzt, deren *„bedeckte Spaziergänge, welche einen kleinen Blumengarten umschlossen,* [...besonders] *von Kranken, welche die Einsamkeit liebten",* angenommen wurde. [65]

In ähnlicher Kolonnadenform, jedoch wegen der ungeschützten Nord-

[65] SACHSE 1835, S. 300-301.

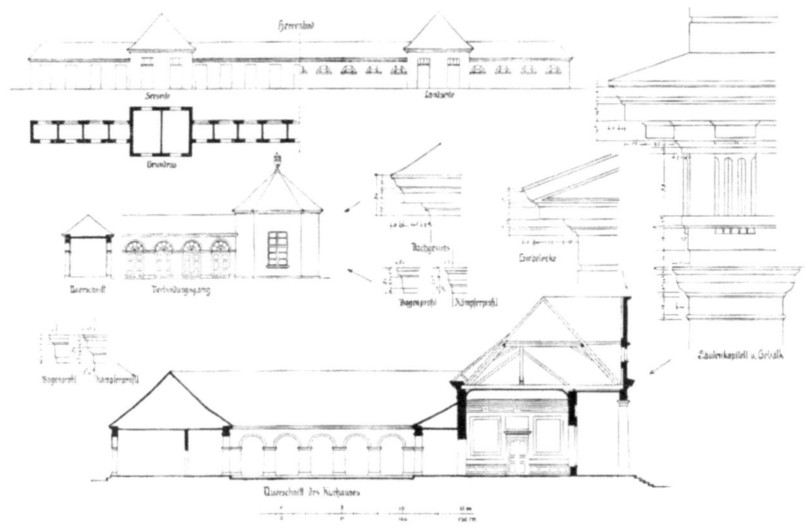

Abb. 54: Grundriss, Schnitt und Einzelheiten des Herrenbades in Heiligendamm sowie einer Ansicht des Verbindungsganges zum Kurhaus und Detailansicht von dessen Architrav.

westlage verschlossen, stellte ein überdachter Verbindungsgang seit 1820 einen bequemen Übertritt vom Kursaal zum alten Badehause her.

Etwa zur gleichen Zeit erfolgte auch die Erweiterung des Badehauses um sechs Badezellen und einen Maschinenraum, damit hinfort den Patienten Schwefeldampfbäder und Dampfduschen verabreicht werden konnten. Dieses kleine Gebäude blieb ganz auf diese Nutzfunktion beschränkt und erhob keinerlei Anspruch auf künstlerische Gestaltung. Gleiches lässt sich auch von der 1819 am nordöstlichen Strandabschnitt errichteten Herrenbadeanstalt berichten, deren aneinandergereihte Zellen und Wärterräume wohl zu einer schön gegliederten Galerie zusammengeführt wurden, sonst aber in ihrer Schlichtheit nur die Nutzfunktion betonten, die freilich mit klassizistischen Gestaltungselementen drapiert war.

Bautätigkeit nach 1815

Seit Mecklenburg-Schwerin 1815 auf dem Wiener Kongress zum Großherzogtum erhoben worden war, glaubte Friedrich Franz I. zur repräsentativen Vervollkommnung seines Lieblingsbades wieder größere finanzielle Mittel frei machen zu müssen. In erster Linie bezog er sie aus den Konzessionsverpachtungen der Doberaner Spielbanken, die jährlich bis zu 60% ihres durchschnittlichen Gewinns an die Badekasse abzuführen hatten.[66] Nach den verlorenen Jahren der Napoleonischen Kriegswirren gedachten nun der Adel und die Geldaristokratie das Versäumte schnellstmöglich nachzuholen. Rasch erlebte das gesellschaftliche Leben in Doberan einen solchen Auftrieb, dass die folgenden Jahre als Glanzzeit in die Geschichte des Badeortes eingingen. Vor dem Hintergrund eines letzten Sieges der Feudalität gegenüber den aufstrebenden bürgerlichen Kräften gestaltete sich auch das Doberaner Seebad zu einem ausgesprochenen Treffpunkt der herrschenden fürstlichen Kreise, die aus allen Himmelsrichtungen hier anreisten. Dieser Umstand macht es verständlich, dass sich die Sucht nach Unterhaltung und Vergnügen steigerte, zumal sich der Kurort längst eines ausgezeichneten Rufes erfreute, denn immer wieder hatten sich Badegäste in der Öffentlichkeit lobend über die Doberaner Zustände geäußert. So rühmte am 28. September 1816 ein preußischer Kurpatient in der Berliner Zeitung nicht nur *„das hier herrschende freie und unbefangene Leben, wie er es in keinem der Hauptbäder Deutschlands gefunden habe"*, sondern den *„schönen Speisesaal"* mit der *„schönen Tafelmusik"* und dem *„feinen, reinen Tischzeug"*, wie er es *„nächst Wiesbaden"* nirgends besser gefunden habe.[67] Insgesamt wurde damit von den Gästen dem noblen gesellschaftlichen Verkehr am Badeort wohl mehr Aufmerksamkeit entgegengebracht, als den medizinischen Indikationen. Severin hatte mit seinen klassizistisch edlen Bauten zweifellos für den gehobenen architektonischen Rahmen gesorgt. Wie sehr der Großherzog mit dessen Leistungen zufrie-

---

[66] Vgl. SPARRE 1970, S. 17.
[67] Zitiert nach: NIZZE 1936, S. 89.

Abb. 55: Anbau des neuen Ball- und Speisesaales in Bad Doberan, Foto von 2018.

den war, lässt das Gnadengeschenk von 50 Reichsthalern für den Bau des „Saales" in Heiligendamm und seine Ernennung zum Oberlandbaumeister am 10. März 1819 erkennen.

Der rasant wachsende Zustrom vornehmer Kurgäste führte vor allem im alten Saal des Doberaner Salongebäudes zu solcher Raumnot, dass der Anbau eines neuen Ball- und Speisesaales dringend erforderlich wurde. Severin entledigte sich dieser Aufgabe bravourös, indem er im rechten Winkel zur Rückfront des Salongebäudes, in genauer Höhe der Hauptachse, einen langgestreckten Saal über acht Achsen dergestalt anfügte, dass mühelos die gleichzeitige Nutzung beider Räume durch große Tanz- und Speisegesellschaften erfolgen konnte. Das Innere dieses neuen Saales, der an der hinteren Längsseite auch die Musikempore, ein Büffet und Nebengelass aufzunehmen hatte, zeichnet sich durch eine reiche, aber dennoch klare Empiredekoration aus, deren festliche Heiterkeit sich ebenso aus der harmonischen Farbwirkung des Akkords von weißem Grundton, hellblauer Wandfläche und aufgesetzter goldener Ornamentik herleitete wie aus der Durchleuchtung der paarig sich gegenüberliegenden Fenster. Im Jahre 1821 fand dieser Erweiterungsbau seinen Abschluss.

Severin war es inzwischen gelungen, seine Stellung und Anerkennung beim Herzog so zu festigen, dass ihm die Errichtung eines eigenen

Abb. 56: Prinzenpalais in Bad Doberan, erbaut von Severin, Foto von 2010.

Wohnhauses in Verlängerung der östlichen Hauptachse am Kamp gestattet wurde, wo es in gebührendem Abstand vom Großherzoglichen Palais, dem Salongebäude, Logierhaus und Theater den unterdessen durch den Springbrunnenplatz erweiterten Badebezirk südlich begrenzen sollte. Der von 1821 bis 1822 entstandene zweigeschossige Wohnbau hatte jedoch für mecklenburgische Verhältnisse in seiner monumentalen Gesinnung und stattlichen Dimensionierung so sehr die Normen eines schlichten Bürgerhauses gesprengt, dass ernsthaft an einen Bezug des Gebäudes durch die Familie Severin nicht zu denken war. Wenn Serenissimus auch die architektonischen Verdienste seines Oberlandbaumeisters schätzte, so war er offenbar doch nicht bereit, sein Palais auf gleicher Blickachse mit einem seiner Beamten zu stellen. Ohnehin litt die Großherzogliche Familie in Doberan zunehmend unter Platznot, so dass mit dem Wunsch nach Ausweitung des Residenzcharakters des Badeortes die Fertigstellung dieses Gebäudes sehr gelegen kam, denn es bot die Möglichkeit des Ankaufs als Wohnhaus für den Erbgroßherzog Paul Friedrich (1800–1842). Der Vertrag darüber wurde mit Severin geschlossen und er erhielt des-

Abb. 57: Haus „Gottesfrieden" in Bad Doberan, Foto von 2010.

halb ein neues Grundstück zugewiesen, unweit des alten Standortes, schräg gegenüber, auf der anderen Seite des Springbrunnenplatzes. Einerseits blieb durch diese Lösung der einheitliche Charakter der fürstlichen Residenz- und Badebauten der Doberaner Hauptachse gewahrt, andererseits ergab sich die günstige Gelegenheit zur architektonischen Aufwertung des neu entstandenen Springbrunnenplatzes, denn Severin plante auch sein zweites Wohnhaus in den grundsätzlich gleichen Formen wie schon das erste, obgleich in nunmehr verkleinerten Dimensionen. Beide Gebäude, die sich zweigeschossig über rechteckigem Grundriss erheben, umschließen mit ihrem hohen Krüppelwalmdach eine große quaderförmige Masse, die auf der Straßenfront jeweils von einem flach vorspringenden, dreigeschossigen Risalit mit abschließendem Giebeldreieck akzentuiert wird. Unter dem Giebelfrontispiz schneidet in monumentaler Weise eine tiefe Rundbogennische über alle drei Geschosse hinweg in den Risalit ein und nimmt damit ein altrömisches Motiv auf, von dem eine imposan-

Abb. 58: Doberan von der Wismarischen Landstrasse aus, Stich von C. Birckenstedt.

te, torartige Wirkung ausgeht. In der Doppelung der beiden Gebäude am südlichen Zugang zum Springbrunnenplatz kam diese torartige Situation einem festlichen Entrée in den Badebezirk gleich. Severin hatte dieses Motiv der Rundbogennische, deren Arkadenlaibung jeweils von einer fein kassettierten Rosettenornamentik verziert ist, als prächtige Pathosformel von der Berliner Bauschule übernommen, denn sowohl C. G. Langhans d. Ä., David Gilly und J. H. Gentz hatten sich in ihren Entwürfen auf unterschiedliche Weise das altrömische Motiv zu eigen gemacht. Severin koppelte es mit palladianischem Thermenfenster und bezog zusätzlich Balkon und Portalnische mit eingestellten dorischen Säulen ein, um mit den eigentlich recht bescheidenen Mitteln bürgerlicher Wohnarchitektur eine imposante städtebauliche Wirkung zu erzielen. Eine gestalterische Polarisierung zwischen Herrschaftsbauten und Bürgerbauten wurde überdies erreicht.

Das Haus Medini in Doberan

Abgesehen von den zahlreichen klassizistischen Wohnhäusern, die in traditioneller Traufenform den einmal gefundenen Typus nur wenig variierten und deshalb für die gestalterische Geschlossenheit des Doberaner Ortskerns sorgten, hatte Severin im Laufe der zwanziger Jahre dem Stadtbild nur verhälnismäßig wenige neue Gebäude hinzugefügt. Ohnehin wird im Bereich des privaten bürgerlichen Wohnhauses – wo sich nur in wenigen sicheren Fällen Severins Autorschaft belegen lässt – sein Einfluss auf das Doberaner Baugeschehen hauptsächlich in der Durchsetzung baupolizeilicher Verordnungen bestanden haben, dank deren gesetzlicher Vorgabe das Vorherrschen des ein- bzw. zweigeschossigen klassizistischen Traufenhauses garantiert war. Lediglich das 1825 entstandene dreigeschossige Haus Medini, das auf der Nordseite der den Kamp abriegelnden Wohnhauszeile steht, bildet in seiner prachtvoll geschmückten Fassade eine Ausnahme. Noch aus ursprünglicher Zeit, als Doberan nur ein kleiner unbedeutender Flecken war, standen hier am alten Dorfbrink das *Posthaus* und der *Lindenhof*, die ersten Wirtshäuser, die zur Beherbergung von Gästen in der Lage waren. Im Bereich des Doberaner Badebezirkes übernahmen beide Gebäude als Gesellschaftsbauten von Anbeginn eine wichtige Funktion, die dadurch noch gesteigert wurde, dass der Badegast hier während der Saison regelmäßig an der Silberbank sein Glück beim Pharaospiel versuchen konnte. Hier, im *Posthaus* und ebenso im benachbarten *Lindenhof*, hatte Fortuna ihr Reich aufgeschlagen und es stand an, dies auch in der Umgebung der bürgerlichen Wohnbauten sichtbar werden zu lassen. Der Großherzogliche Küchenmeister Medini, der zu jenen Glücklichen Doberans zählte, die vom wachsenden Kurbetrieb profitierten, konnte es sich erlauben, seinem neuen Wohnhaus ein anspruchsvolles Äußeres zu verleihen, aus dem sein erfolgreiches Wirken ablesbar wurde. Entsprechend konzipierte Severin für den an sich schlichten Wohnbau eine aufwendige Fassade, die durch flache Mauervor- und Rücksprünge, durch unterschiedliche Fensterformen sowie durch eine repräsentative Portalsituation mit darüber befindlichem Balkon belebt wird.

Abb. 59: Das Haus Medini in Doberan von Carl Theodor Severin, Foto von 2018.

Demonstrativ hat der Baumeister mit dem verwendeten Serliana-Motiv der Balkontür und mit den dreigeteilten Fenstern unter halbrundem Putzspiegel, die an römische Thermenfenster erinnern, palladianische Elemente zum Einsatz gebracht, durch die sich der Bau in die betonte Tradition der Landhäuser und Stadtpaläste stellt, mit denen humanistische Kreise Oberitaliens schon während des 16. Jahrhunderts die idyllische Welt Arkadiens wiederzubeleben versucht hatten. Zartgliedrige, vegetabilische Stuckornamentik in den Putzspiegeln unterstreicht zusätzlich diesen Wunsch nach harmonischem Einklang zwischen Kunst und Natur. Obwohl sich der italienische Küchenmeister mit dieser Programmatik organisch in die gestalterische Grundkonzeption der Doberaner Anlagen einbindet, ist nicht zu übersehen, wie sehr er mit dem von ihm betriebenen architektonischen Aufwand in Konkurrenz zum nahegelegenen Großherzoglichen Palais zu treten suchte. Dessen edlen Kanon ausgewogener Formen glaubte er mit einer Vielheit an Gestaltungsmotiven übertrumpfen zu können. Für Severin bedeutete diese kleinteilige Schmuckfreude eine gewisse Abkehr von der klaren Formenstrenge seines bisher hochklassizistischen Gestaltungsmitteln verpflichteten Schaffens und die Hinwendung zu biedermeierlicher Verspieltheit, wie sie viel eher den parvenühaften Ambitionen des zu Wohlstand gekommenen bürgerlichen Bauherrn entsprach. Wohl bediente er damit einen Trend, der sich auch andernorts immer kraftvollere Geltung verschaffte, innerhalb Severins Œuvre allerdings nur Episode blieb.

Das Stahlbad in Doberan

Dies lässt unter anderem sein wichtigster öffentlicher Bau dieser Zeit erkennen, das 1825 in Betrieb genommene Stahlbad. Schon am 23. September des Jahres 1821 hatte der Doberaner Kaufmann und spätere Badeinspektor Mühlenbruch in der Nähe der alten Mühlenschleuse eine ergiebige Eisenquelle erbohrt, die für Doberan die Grundlage zur Entwicklung eines eigenen Kurortes bildete, der sich inzwischen auch unabhängig vom Badeleben an der Küste Heiligendamms zu entfalten vermochte. Glücklicherweise erfolgte die Entdeckung der Eisenquelle gerade zu einem Zeitpunkt, wo sich die weite Entfernung Doberans vom Meere aufgrund der Entstehung neuer Konkurrenzseebäder immer störender bemerkbar zu machen begann. Um die neu erschlossene Quelle sogleich für den Badebetrieb nutzen zu können, wurde Severin noch 1822/23 mit der Erstellung eines kleinen Brunnenhauses beauftragt, dessen schlichte Konstruktion schon längst nicht mehr existiert. Auch das zwei Jahre später unweit davon errichtete Stahlbad blieb nicht in seiner ursprünglichen Gestalt bewahrt, obwohl es in seinem Kern noch immer die Strukturen Severins zeigt. Überdeutlich orientierte sich auch dieser langgestreckte, eingeschossige Bau, der der Aufnahme von zwölf Badezellen, sechs Logierzimmern, einem Vestibül, Speisesaal und der Wohnung des Badewirts diente, in seiner repräsentativen Fassade an palladianischen Vorbildern. Man braucht nur an dessen Typus der Villa suburbana zu denken, in dem Funktions- und Repräsentationsbereich harmonisch miteinander verschmelzen, so weiß man, woher Severin seine Hauptgestaltungselemente entlehnt hat. Wieder ist es die eingezogene Vorhalle mit eingestellten – hier allerdings dorischen – Säulen und Giebeldreieck, die den Eindruck einer portikusartigen Anlage

Abb. 60: Das Stahlbad in Doberan entworfen von Carl Theodor Severin, Lithografie um 1822.

entstehen lassen und in stilvoll edlem Maß Repräsentationsanspruch erheben. Die palladianischen Villen Conaro oder Pisani können dafür als Vorbilder in Anspruch genommen werden, obwohl dort dieses Gestaltungselement zweistöckig ausgeprägt war, weshalb die Evidenz der Ähnlichkeit mit diesen Modellen seit dem nachseverinschen doppelgeschossigen Ausbau deutlicher wahrnehmbar wird, als im ursprünglichen Entwurf selbst.[68]

Konzentrierte sich Severin in der Außenfassade ganz auf einen repräsentativen Gestaltungswillen, so zeigt der innere logische Grundriss in seiner Einfachheit, wie stark er sich dem Gesetz der Zweckmäßigkeit verpflichtet fühlte. Deutlich sind die einzelnen Funktionsbereiche getrennt. Die prachtvoll herausgehobene Eingangssituation führt über Freitreppe, Vorhalle und Vestibül zum Speisesaal. Vom zentral gelegenen Vestibül waren problemlos alle anderen Funktionsbereiche zu erreichen: auf der rechten Seite die Badezellen, auf der linken die Logierzimmer und die Badewärterwohnung. Weitere Wirtschaftsräume waren im Kellergeschoss untergebracht. Insgesamt gelang Severin mit der Gestaltung des Stahlbads abermals ein strukturell harmonischer Bau von schlichter Eleganz, dessen geistige reflektorische Einbindung in die Gesamtkonzeption des Bades als einem glückseligen Lustort ihren würdigen Abschluss fand.

---

[68] Vgl. MURARO/MARTON 1996, S. 194-196, 272-275.

Das Belvedere

Weitere öffentliche Gebäude in Doberan entstanden schon nicht mehr unter Severins Hand, doch in Heiligendamm fand er in den Jahren 1827–1830 letztmalig Gelegenheit, das von ihm entworfene Ensemble des ersten deutschen Seebades zu vervollkommnen. Dabei handelte es sich nur um einen kleinen Ergänzungsbau, der hart am Strand gelegen, den schon von der Kurhausvorhalle möglichen Ausblick aufs Meer – als eine der natürlichen Hauptattraktionen, die das Seebad zu bieten hatte – durch die Errichtung eines Belvederes noch zu steigern beabsichtigte.

Abermals hatte der Baumeister diesem eigentlich anspruchslosen kleinen Zweckbau ein überraschend repräsentatives Gepräge verliehen, wenn er sich bei diesem „Aussichtsturm" für die Gestalt eines schlichten Kubus entschied, dessen blockhafte Wucht und monumentale Portalsituation meerseitig signalisierte, dass sich hier das „Tor" zum Seebad befindet.

Nie zuvor hatte sich Severin in seinem architektonischen Ausdruck so konsequent der kraftvoll geometrischen Formensprache der französischen Revolutionsarchitektur bedient wie hier. Gewiss wird ihm dabei die castrumartige Blockhaftigkeit von Karl Friedrich Schinkels Neuer Wache in Berlin (1816–1818) vor Augen gestanden haben, wenn er sich auf ein vergleichbares Formenvokabular berief, das Würde und Wehrhaftigkeit im Ausdruck miteinander vereinte. Entsprechend trutzig stellte sich dieses Gebäude dem Meere entgegen, so als wolle es die dahinter liegende Region des Kurortes in seiner Exklusivität abschirmen und beschützen.

Unter der Voraussetzung dieser Sinngebung schließt sich der assoziative Komplex des allmählich gewachsenen Gesamtkunstwerks Doberan-Heiligendamm, das, gefördert durch die Initiativen von Samuel Gottlieb Vogel, Friedrich Franz I. und Carl Theodor Severin, zu einem idealisierten Reich der Gesundung und Freuden als spätes aristokratisches Wunschbild innerhalb einer längst von bürgerlichen Strukturen bestimmten Gesellschaft errichtet worden war. Hier verwirklich-

Abb. 61: Der Heilige Damm mit dem Belvedere von Carl Theodor Severin, unbekannter Lithograph nach einer Zeichnung von J. Havemann, um 1840.

te sich noch einmal, was Hermann Fürst von Pückler-Muskau (1785–1871), der in seinen Parkanlagen um ähnliche gestalterische Konzeptionen rang, mit der Aufforderung verband:

„Euer ist jetzt das Geld und die Macht –
lasst dem armen ausgedienten Adel seine Poesie,
das Einzige, was ihm übrig bleibt“.[69]

[69] PÜCKLER-MUSKAU 1834, S. 172.

Severins Wirken außerhalb von Doberan-Heiligendamm

Obwohl Carl Theodor Severin schon 1809 zum Landbaumeister des Rostocker Baudistrikts berufen worden war, ist es erstaunlich, wie relativ gering sein Einfluss auf die architektonische Entwicklung nicht nur Mecklenburgs, sondern sogar seines eigenen Verwaltungsbezirkes blieb. In erster Linie wird das darauf zurückzuführen sein, dass hier weitgehend der landesherrliche Auftraggeber fehlte und andere potente Bauherren in nur geringem Maße zur Verfügung standen. Die Bauten, die während der Verwaltungszeit von Severin errichtet worden sind, dienten nur in Ausnahmefällen der Repräsentation; in der Regel handelte es sich um schlichte Zweckbauten, für die baukünstlerische Entwürfe kaum von Nöten waren. Entsprechend diesen Umständen genügte meist der Maßstab handwerksmäßiger Gediegenheit, für deren Ausführung lokale Maurermeister herangezogen wurden, während die von Severin geführte Baubehörde lediglich auf die Einhaltung verbindlicher Normen und Vorschriften zu achten hatte. Dennoch führte die wachsende Anerkennung, die sich Severin als alleiniger architektonischer Gestalter der großherzoglichen Sommerresidenz vor allem bei Friedrich Franz I. erworben hatte, dem Baumeister auch außerhalb des Seebades mehrere Auftraggeber zu. In erster Linie gehörten dazu die Repräsentanten des mecklenburgischen Landadels, bei denen gelegentlich Bedarf an der Neuerrichtung von Herrenhäusern bestand oder die Notwendigkeit zum Bau einer Grablege gegeben war.

Obwohl zu den meisten dieser Gebäude archivalische Quellen fehlen, die uns Severins Urheberschaft exakt bezeugen, lassen sich doch etliche dieser Bauten aufgrund ihrer eigentümlichen Strukturierung und sich zeigender Motivübernahmen, die vom Vorbild der Doberaner Badearchitektur inspiriert zu sein scheinen, dem Schaffen Carl Theodor Severins zuschreiben oder wenigstens seine unmittelbare Einflussnahme erkennen. Dieter Pocher hat dies für die Herrenhäuser in Körchow (1822), Rosenhagen (1836?) und Nustrow (1830) nachgewiesen, wo die Familien von Bülow, von Restorff und von Schack in den

Abb. 62, 63, 64: Gutshaus Körchow (1822), Gutshaus Nustrow (1830) und Gutshaus Repnitz.

Abb. 65 & 66: Gutshaus Rosenhagen, 1836 und Gutshaus Alt-Karin.

Jahren zwischen 1820 und ca. 1836[70] neue Gutshöfe in Auftrag gaben, deren klassizistisches Gepräge vielfach das von Palladio inspirierte Formengefühl in der Severinschen Manier aufweisen.[71]
Weitere Herrenhäuser wie die in Alt Karin, Repnitz[72] oder andernorts können vermutlich noch hinzugefügt werden, weil sie allesamt Merkmale aufweisen, die für Severins Schaffen charakteristisch sind, wobei sich wegen fehlender Bauakten die Abgrenzung sowohl zu Severins Neffen als auch zu anderen lokalen Baumeistern – ungeachtet der zutage tretenden Stilkriterien des alten Severins – als äußerst schwierig erweist. Zu erinnern wäre da beispielsweise an folgende Stil- und Motivelemente, denen wir in diesen Bauten immer wieder begegnen: die Portalnische mit mauerbündig eingestellten Säulen, wobei zur Unterstreichung des ‚Landhauscharakters' gegenüber den Doberaner Repräsentationsbauten nicht die dorische oder ionische Säulenordnung Verwendung fand, sondern lediglich die schlichtere toskanische. Weitere Severinmotive begegnen uns bei verschiedenen Herrenhäusern in Gestalt eines die Hauptachse betonenden Mittelrisalits mit stark profiliertem Giebeldreieck, in Form der aus der Berliner Bauschule übernommenen dreiteiligen Tür-Fenster-Gruppe, die in unterschiedlicher Ausprägung zuweilen an das palladianische Thermenfenster anzuknüpfen sucht oder im favorisierten Gebrauch von Lünettenfenstern besonders innerhalb von risalitartig benutzten Bogenblenden. Aber auch die risalithafte Ausformung der Seitenfassade, meist in der Breite des Walmdachs, der annexartige Ausbau des Gartensaales, der sich in barocker Manier wölbend aus der Bauflucht abhebt, gehören ebenso zu Severins Architekturvokabular wie die Nutzung von Wandnischen oder der beliebte Gebrauch eines Eierstabfrieses am kräftigen Wulst eines Türstocks.
Freilich sind dies alles Elemente, die während des Klassizismus auch in anderen Bereichen, besonders in den unter Einfluss der Berliner

---

70 Das Gutshaus Rosenhagen soll laut der Familienchronik von Restorff erst 1836 errichtet worden sein.

71 Vgl. POCHER1990, Anlagenband, S. 54-55, 70-71, 97-98.

72 Repnitz ist heute ein OT von Lühburg im Landkreis Rostock. Das Gutshaus dürfte aber erst um 1840 (vermutlich unter Severins Neffen) im Auftrag der Erben der Drostin (= Frau eines Amtsmannes) Louise von Plessen, geb. von Pestel, entstanden sein.

Architekturentwicklung stehenden Gebieten, gebräuchlich waren, so dass eine Zuweisung an Severin nur unter Vorbehalt erfolgen kann. Andererseits weisen diese Merkmale in ihrer besonderen Zusammenstellung und wohlabgewogenen Proportionierung auf eine Feinheit, Leichtigkeit und Heiterkeit, wie sie gerade Severin in höchstem Maße zueigen war.

Grabmonumente

In Anlehnung an die hohe Zeit der Sepulkralkultur in der Antike, wo häufig monumentale Grabmäler errichtet wurden, um damit den Verstorbenen einen Memorialbau zum ewigen Gedächtnis und der Glorifizierung ihrer Persönlichkeit zu widmen, wurde seit dem Ende des 18. Jahrhunderts auch der Gedanke des klassischen Mausoleums wieder häufiger aufgegriffen, nicht zuletzt deshalb, weil inzwischen die Bestattungen innerhalb des Kirchenschiffes verboten worden waren. Zwar begriff sich dieser Bautyp auch jetzt noch in der Phase seines Wiederauflebens als Ruhmestempel zu Ehren der in ihm bestatteten Toten, doch wurde allmählich sein repräsentativer Charakter von einer nun stärker der religiösen Andacht bestimmten Funktion verdrängt. Das Grundschema des antiken Mausoleums in seiner Synthese von Sockelbau, Grabtempel und Dachpyramide wurde innerhalb der Friedhofsanlagen der Kirchgemeinden nur selten in kompletter Gestalt umgesetzt, doch in Form eines pars pro toto begegnet uns der Typus immer wieder. Schon 1808 hatte sich Severin mit dem Entwurf zu einem Mausoleum für die Herzogin Louise von Mecklenburg-Schwerin mit der Problematik der Sepulkralarchitektur auseinandergesetzt. Sein damals nicht zur Ausführung gelangter Entwurf war ganz im geometrisierend-blockhaften Geist der französischen Revolutionsarchitektur geschaffen und versuchte, in der Gestaltfindung den Typus des altägyptischen Pyramidengrabes mit der Rotunde und den Portici des römischen Pantheons zu kombinieren. Ewigwährendes Gedenken und unvergänglicher Ruhm war die Absicht, die sich mit diesem Formenvokabular verband.

Abb. 67 & 68: Mausoleum bzw. Erbbegräbnis für die Famile Joachim Christoph von Dechow in Pütnitz (1797/1800) und Mausoleum bzw. Grufthaus für die Familie Friedrich Magnus Helms auf Ziesendorf, in Buchholz (1810).

Schien im Rahmen spätfeudaler Staatsräson eine derartig monumentalisierende Demonstration von Persönlichkeitswerten im Interesse dynastischer Erwägungen noch ihre Rechtfertigung zu besitzen, so war ein ähnlich pompöser Anspruch bei Grabmälern des Landadels und wohlhabender bürgerlicher Schichten nahezu ausgeschlossen. Die nun Severin zugeschriebenen kleinen Friedhofsgrabmale in Pütnitz, Bucholz und Westenbrügge tragen diesen Überlegungen Rechnung.[73] In reduzierter Form des Grundschemas Mausoleum verzichtete der Architekt beim Buchholzer Bau gänzlich auf den Sockel. Auf diese Weise scheint der würfelartige Kubus des Grabtempels mit flach zulaufender Dachpyramide direkt aus den Boden zu wachsen. Es verstärkt sich dadurch die angestrebte Verbindung des Baukörpers mit der Natur, dessen geometrisierende Elementarkraft inzwischen selbst zum Ausdruck abstrakt-mathematischer Naturgesetzlichkeit erhoben ist und so die Aufgehobenheit der Toten im göttlichen Universum bewusst werden lässt. Lediglich das davon abweichende repräsentative Portalmotiv mit den für Severin so typisch gewordenen eingestellten Säulen stellt innerhalb dieses abstrakten Reiches der Toten eine Verbindung zur irdischen Realität her. Damit wird eine andachtsvolle Reflexion über Tod und Vergänglichkeit möglich, ohne vordergründig Todessymbolik bemühen zu müssen. Dementsprechend ist die Grabstätte zu einem Grabtempel geworden, der zwar der Herrschaft des Thanatos (des Todes) geweiht ist, der in seiner pantheistischen Naturdialektik jedoch die ewige Einbindung des Individuums in den universellen Kreislauf der Naturgesetze deutlich zu machen versteht. Das vermutlich für die Familie von Bülow-Körchow 1823 errichtete Grufthaus auf dem Kirchhof zu Westenbrügge bringt in seiner vergleichbaren Formenstruktur eine analoge Todesreflexion zum Ausdruck.[74]

Soweit die bisherigen Recherchen reichen, ist das mit den Grabmalbauten und Herrenhäusern abgesteckte Feld von Severins architektonischem Schaffen, das sich unabhängig vom großherzoglichen Auftrag

---

[73] Vgl. QUODBACH 1985, S. 44.
[74] Vgl. ibidem.

vollzog, nahezu erschöpft. Wir können davon ausgehen, dass es sich hier mehr oder weniger um Gelegenheitsbauten gehandelt hat, die Severin die seltene Möglichkeit boten, ohne Vorgaben landesherrlicher Wünsche seine schöpferischen Talente zu entwickeln. Andererseits blieb dieser Rahmen so eng begrenzt und von Zufällen abhängig, dass auch hier mit bemerkenswerten Neuerungen nicht zu rechnen war.

Die Neue Wache in Rostock

Nach 1809, nachdem Carl Theodor Severin als neu ernannter Landbaumeister unter anderem die Verantwortung auch für die Baudistrikte Rostock und Sülze übernahm, finden sich in jenen Gebieten seines Verwaltungsbezirks Spuren seines Schaffens, die deutlich die strengen Formen eines von der „Berliner Schule" beeinflussten Hochklassizismus verraten. Pläne für einen Museumsbau in Rostock und für die städtebauliche Gestaltung des Hopfenmarktes in dieser alten Hansestadt, die nach 1815 von ihm vorgelegt worden sein sollen, jedoch nicht zur Ausführung gelangten, haben sich leider nicht erhalten; ebensowenig sein Vorschlag zu einem Anbau der Universitätsbibliothek aus dem Jahre 1824.[75] Der einzige Bau in Rostock, für den sich Carl Theodor Severin als Autor in Anspruch nehmen lässt, ist die ehemalige Neue Wache oder Hauptwache, deren aus sechs kräftigen dorischen Säulen bestehender monumentaler Portikus schon in der äußerlichen Strenge der Strukturen den Eindruck von trutziger Standhaftigkeit und Wachsamkeit hervorruft. Das Bauwerk, das von 1822 bis 1825 am heutigen Universitätsplatz zum Schutz des benachbarten herzoglichen Palais errichtet worden war, bediente sich in seiner ausgesprochen geometrisierenden Kubatur des in Berlin vor allem von Friedrich Gilly und dem jungen Karl Friedrich Schinkel vertretenen nüchternen Rationalismus der Bauformen, für den die Baumeister der französischen Revolutionsarchitektur die Anregungen geliefert hatten. Unübersehbar hatten dabei Schinkels Entwürfe für die Neue Wa-

[75] Vgl. GEHRIG o. J., S. 543-544.

Abb. 69: Carl Theodor Severin: Neue Wache (Hauptwache) in Rostock, Foto von 2018.

che in Berlin (1815–1818) – vor allem der Ausdruck von kubischer Geschlossenheit des Baukörpers – für Severins Gestaltfindung Pate gestanden. Dementsprechend gelangte er zu einem vergleichbar massiven Baublock mit toskanisch-dorischer Vorhalle, wie er zuvor an der Prachtstraße der preußischen Kapitale realisiert worden war. Freilich erfolgte dies auch hier wieder mit der Einschränkung, dass die dabei gewählten geringeren Dimensionen nicht mehr jene erhabene Monumentalität des Bauwerks von Schinkel aufweisen. Später, beim Bau des Belvederes in Heiligendamm, bezog sich Severin noch einmal auf diesen extremen abstrakt-geometrisierenden Stil des Hochklassizismus, dessen nüchtern-puristische Ausdrucksweise der additiven Verbindung lediglich von Kubus und Zylinder ein zum äußersten getriebenes Gestaltungsmittel der Reduktion aufweist, mit dem sich im vorhandenen Siedlungsgefüge das architektonische Bild von beeindruckender Erhabenheit erzeugen ließ.

Das Badehaus in Sülze

Ungefähr gleichzeitig mit der Rostocker Hauptwache erfolgte zwischen 1822 bis 1824 in Sülze die Errichtung eines Kurhauses bzw. Sanatoriums, das Severin für das seit 1822 durch den Geheimen Medizinalrat Prof. Samuel Gottlieb Vogel neu eingerichtete Solbad entwarf. Im kleinen, ostmecklenburgischen Ort, der im Tal der Recknitz, unmittelbar an der Grenze zu Pommern, lag, war bereits seit 1243 eine Saline bekannt, die dem Flecken schon 1262 zur Verleihung des Stadtrechts verhalf. Seit Beginn des 17. Jahrhunderts wurden dann Gradierwerke errichtet, die der Erhöhung des Salzgehalts dienten. Während der Napoleonischen Kontinentalsperre erlebte die Salzgewinnung in der Saline von Sülze ihren Höhepunkt, um bald danach als Industrieproduktion eingestellt zu werden. Fortan war die hier gewonnene Sole jedoch nicht überflüssig, vielmehr wurden jetzt die Solequellen in den Recknitzwiesen für Heilzwecke genutzt, so dass der Bau eines entsprechenden Sanatoriums notwendig wurde[76]. Da Sülze nicht wie Doberan zugleich auch Residenzfunktion zu übernehmen hatte und es keine Pläne zum Ausbau eines Nobel- und Vergnügungsbades gab, bestand hier allerdings keine Notwendigkeit zur Errichtung repräsentativer Bauten. Überdies sollte Sülze ganz der medizinischen Therapie dienen und keinesfalls dem Seebad Doberan-Heiligendamm Konkurrenz machen, weshalb der Bau eines schlichten Sanatoriums völlig genügte. Entsprechend wurde dem langgestreckten Kurhausgebäude, dessen elfachsiger Kern aus verputztem Fachwerk besteht, lediglich eine noble klassizistische Fassade vorgeblendet, bei der – ähnlich wie beim Doberaner Salongebäude – die typisch Severinschen Motive der Portalhalle, der Serliana und auch der massiven Fensterverdachungen in modifizierter Form wieder auftauchen, ergänzt durch die niedrige Attika und den flachen Dreiecksgiebel, wie sie in abgewandelter Form schon beim Kurhaus von Heiligendamm Verwendung gefunden hatten. Ohne strukturell tatsächlich diese Bautypen zu rezipieren, dienten diese charakteristischen Motive der Ar-

[76] Vgl. BLÜCHER 1829, bes. S. 171-172; - LENZ 1992, S. 95-96.

Abb. 70: Badehaus in Sülz. Lithographie von L. Sachse nach H. von Blücher, 1829.

chitektursprache Severins dazu, dem Kurbetrieb im Solestädtchen einen würdigen baukünstlerischen Rahmen auch ohne den Einsatz aufwendiger materieller Mittel zu verleihen. Ein Zeitgenosse aus den Anfangsjahren des Sülzer Badebetriebs weiß darüber Details zu berichten: „ [...] *das Soolbad* [...] *hat, obwol* [sic!] *erst seit einigen Jahren bestehend, wegen seiner heilsamen und wohlthätigen Wirkungen auf den menschlichen Organismus in Fällen, wo Soolbäder empfohlen zu werden pflegen, schon einen so grossen Ruf in Mecklenburg und den angrenzenden Provinzen erlangt, dass die Einrichtung eines neuen Gebäudes zur Aufnahme der zahlreichen Curgäste nothwendig geworden.* [...]. *Das Badehaus grenzt mit seinen Nebengebäuden und übrigen Anlagen an das nordöstliche Ende der Stadt, und liegt mithin in der Nähe der Saline. Es ist nicht allein sehr zweckmäßig, sondern auch geschmackvoll eingerichtet, und enthält zugleich eine bedeutende Anzahl mehr oder weniger eleganter, für Badegäste bestimmter, Wohnungen. Die Soolbäder werden von verschiedener Stärke gegeben, und sind überdiess* [sic!] *noch Einrichtungen für Douche-Bäder, verschiedene Arten Kräuter- und künstlicher Salz-Bäder,* [...] *getroffen. Ausser dem Badehause dient noch ein kaum 100 Schritte von demselben entferntes Logierhaus, dem sich ein sehr schöner Garten anschliesst, zur Aufnahme von Curgästen*“.[77]

[77] BLÜCHER 1829, S. 172-174.

Severin als Bauhistoriker und Denkmalpfleger

Ungeachtet sich Carl Theodor Severins gesamtes Bauschaffen durch den Gebrauch klassizistischer Gestaltungsmuster auszeichnet, kam er gegen Ende seines baukünstlerischen Wirkens auch mit gotischen Stilelementen in Berührung. Anlass hierzu war ein Auftrag des Großherzogs aus der Zeit um 1822 bzw. 1829/30, die ursprüngliche Anlage des Doberaner Zisterzienserklosters bauhistorisch zu erforschen, um denkmalpflegerische Maßnahmen sowohl am Münster als auch in Verbindung mit der Wiederherstellung des Kapellenbaues im nahegelegenen Althof[78] – der Keimzelle der Doberaner Zisterzienserabtei – in Angriff nehmen zu können. Er folgte damit einem Zug der Zeit, der in den Relikten der gotischen Baukunst bekenntnishaft die Monumente altvaterländischer Kunst und Kultur erblickte und sie als wertvolle Denkmale der Landesgeschichte würdigte. Severins unvollendet gebliebene Ausgrabungs- und Rekonstruktionspläne der Doberaner Klosteranlage sind in diesem Kontext zu verstehen, wie er selbst im Vorwort seiner Publikation „Gothische Rosetten altdeutscher Baukunst aus der Kirche zu Doberan" zu verstehen gab: *„Die Kirche zu Doberan ist unstreitig eine der ältesten und auch der schönsten in Mecklenburg, und wenn auch einige Kirchen z. B. der Dom in Schwerin einige Fuss an Grösse mehr hat, so behauptet doch die Kirche zu Doberan durch ihre innere und äussere Schönheit, durch die Kühnheit ihrer schlanken Pfeiler und durch die Menge ihrer anderweitigen Merkwürdigkeiten, vor jenem bei weitem den Vorzug. Ihre ganze Anlage ist sehr geschmackvoll und die einzelnen Theile sind in ihren Verhältnissen zum Ganzen übereinstimmend, alles im schönsten Ebenmasse und nirgends Ueberladung. Das Mauerwerk ist von vortrefflichen Ziegeln mit der musterhaftesten Genauigkeit, Festigkeit und Kühnheit aufgeführt. Das Schiff der Kirche wird von den Seitennavaten durch 22 Pfeiler, welche gothische Spitzbogen einschließen, getrennt, und zwischen welchen gothische halbe Säulen hinaufgehen, welche die Rippen des vortrefflichen Gewölbes tragen. Ein Friess wie auch die Capitäler der halben Säulen*

[78] Vgl. LISSOK 1997, S. 11-15, bes. S. 13-15.

Abb. 71: Stadtplan von Bad Doberan, 1843.

und die Kragsteine, worauf die Säulen im Schiff der Kirche ruhen, sind aus künstlicher, ausgehauener Masse verfertigt. [...] *Ihre überall so vollkommene und glückliche Erhaltung preiset noch nach 600 Jahren den geschickten Baumeister und macht sie zu einem ehrenvollen Denkmale des hohen Muths und Geschmacks unserer achtungswerthen Vorfahren"*[79]. Severin würdigt den gotischen Bau und dessen Baumeister ganz aus dem Verständnis seiner klassizistischen architekturtheoretischen Überzeugungen und betont deshalb das „*Ebenmaß*" und die Harmonie der Proportionen sowie die edle Einfachheit zisterziensischer Eleganz, die weitgehend auf Ornament- und Schmuckformen verzichtete und allein die tektonische Struktur des Bauwerks in den Vordergrund stellte. So betont er innerhalb des gotischen Bauschaffens eine Tendenz, die sich trotz unterschiedlicher Stilausprägung doch im Rationalismus einer geordneten, geometrisierenden Grundhaltung trifft. Das erklärt auch sein besonderes Interesse an den unterschiedlichen, mathematisch konstruierten Rossettenmustern, die sich in mannigfaltiger Form am gotischen Kirchenbau finden und deren bewunderte Vielfalt ihm Anlass zu einer Publikation wurden, ohne selbst noch die Möglichkeiten neogotischer Ausdrucksweise in sein architektonisches Spätschaffen einzubeziehen. Die „*edle Einfalt und stille Größe*" (J. J. Winckelmann) der klassiszistischen Formensprache in ihrer Schulung an der Baukunst der Antike blieb ihm lebenslang Vorbild und Maßstab eigenen atchitektonischen Ausdruckswollens.

---

[79] SEVERIN 1836. Vorwort.

Biografische Übersicht zu Carl Theodor Severin

- **1763:** am 13. September in Mengeringhausen bei Arolsen im damaligen Fürstentum Waldeck als Sohn des Hochfürstlichen Waldeck'schen Archivarius, Justiz-, Regierungs- und Konsistorialrats Theodor Severin (6. September 1733–26. April 1797) und Henriette, geb. Becker (29. Februar 1744–27. Januar 1802), im Haus Rohde, Mühlenwasser 6, geboren.
- **1776:** am 20. Januar Geburt des Bruders Christian Ludwig Severin, eines späteren Justizrates. Über die berufliche Ausbildung Carl Theordor Severins wurden bislang keine Akten gefunden, doch weisen die zahlreichen Anregungen aus der Architektursprache der Berliner Bauschule des Klassizismus darauf hin, dass seine Ausbildung zum Architekten in Berlin erfolgte. So kann angenommen werden, dass vor allem der damalige Direktor des Oberhofbauamtes für die Bautätigkeit in Berlin und Potsdam, Carl Gotthard Langhans (1732–1808), zu seinen Lehrern und Vorbildern zählte. Der Stil von Severins späteren Bauten weist zusätzlich auf eine Prägung durch mutmaßlich weitere Lehrer der „Berliner Schule" hin, etwa auf Johann Heinrich Gentz (1766–1811), David Gilly (1748–1808) und dessen Sohn Friedrich Gilly (1772–1800).
- **1795:** Der inzwischen in Schwerin beschäftigte Carl Theodor Severin wird als Gehilfe und Nachfolger des in Doberan glücklos tätigen Bauconducteurs Johann Christoph Heinrich von Seydewitz (1748–1824) in Vorschlag gebracht, um den Ausbau des neubegründeten Seebades Doberan-Heiligendamm voranzutreiben.
- **Bis 1801:** in Schwerin als Kammeringenieur und später Bauconducteur beschäftigt.
- **Seit 1801:** Erbauer der in Doberan und Heiligendamm errichteten öffentlichen klassizistischen Gebäude und vieler privater Bürgerhäuser.
- **1801:** Zusammenarbeit mit Seydewitz am Doberaner Salongebäude.
- **1805:** Auftrag Herzogs Friedrich Franz I. zum Entwurf und zur Bauausführung des Doberaner Schauspielhauses.

- **1806:** Auftrag zur Errichtung des „Großen Palais“ als herzogliches Schloss in der Doberaner Sommerresidenz.
- **1809:** Severin erhält nach Fertigstellung des Palais als Dank vom Herzog eine „Gratification“ in Höhe von 40 Franc d'or. Am 29. April erfolgte mit dem administrativen Verwaltungsakt, Mecklenburg in fünf Baudistricte einzuteilen, denen jeweils ein Landbaumeister vorstand, die Berufung Severins zum Landbaumeister des Rostocker Baudistricts. Fortan unterstanden ihm die Bauämter Bützow, Doberan, Ribnitz, Rostock, Rühn, Schwaan, Sülze, Toitenwinkel, in denen allerdings seine architektonische Wirksamkeit bislang noch ungenügend erforscht ist.
- **um 1810:** Übersiedlung Severins nach Doberan
- **1814:** Auftrag zur Errichtung eines „Empfangs-, Gesellschafts-, Tanz- und Speisehauses“ in Heiligendamm.
- **1817:** Für den Bau des „Saales“ (Kurhaus) am Heiligen Damm erhält Severin als Gnadengeschenk 50 Reichsthaler.
- **1819:** am 10. März Ernennung zum Oberlandbaumeister
- **1819–1821:** Erweiterung des Salongebäudes in Doberan durch Anbau des neuen Saales.
- **ab 1820:** Severin erhält für seine architektonischen Leistungen eine Remuneration (Extragehalt) von 100 Reichsthalern und zusätzliches Brennmaterial. Seit den zwanziger Jahren tritt Severins baukünstlerische Wirksamkeit auch außerhalb Doberans und Heiligendamms stärker hervor, so u. a. in Rostock und Sülze. Bei der Errichtung zahlreicher Wohnhäuser in der Doberaner Altstadt sowie für Bauern- und Gutshäuser und Grabanlagen wird jetzt häufig auch sein Neffe, Karl Severin, beteiligt.
- **1822:** denkmalpflegerische Rekonstruktion der durch Blitzschlag beschädigten Kapelle beim Dorfe Althof als Monument der mecklenburgischen Landes- und Dynastiegeschichte.
- **1822–24:** Errichtung des Sanatoriums in Sülze (heute: Bad Sülze).
- **1823–24:** Als Ersatz für das verkaufte Prinzenpalais errichtet sich Severin sein zweites Doberaner Wohnhaus in vereinfachter Ausführung am Springbrunnenplatz.

- **1825:** Für die 1821 erbohrte Eisenquelle in Doberan errichtet Severin als Badehaus das eingeschossige „Stahlbad“. Gleichzeitig entsteht am Kamp sein am aufwendigsten gestaltetes Bürgerhaus (Haus Medini).
- **1828:** Während einer Dienstreise zog sich Severin am 11. Februar eine schwere Erkältung zu, an deren Folgen er bis zu seinem Tode unter häufiger Erkrankung und Gichtschmerzen zu leiden hatte.
- **um 1830:** Im Auftrag des Großherzogs Friedrich Franz I. unternimmt Severin Ausgrabungsarbeiten an den Doberaner Klosteranlagen und erstellt einen Rekonstruktionsplan.
- **1833:** In Auswertung seiner bauhistorischen Forschungen am Doberaner Münster gibt Severin die „Abbildungen gothischer Rosetten altdeutscher Baukunst an der Kirche zu Doberan, nebst deren geschichtlicher Beschreibung“, lithographiert in der J. G. Tiedemannschen Offizin Rostock, heraus. Das Werk bleibt unvollendet. Er gibt ein Gesuch an den Großherzog zur Bewilligung eines Stipendiums für den ältesten Sohn seiner vier Kinder (zwei Knaben und zwei Mädchen), der sich dem Studium der Theologie widmen will. Ein Stipendium in Höhe von 100 Thalern für die Dauer von vier Jahren wird bewilligt.
- **1834:** Der 71jährige, gichtkranke Severin sollte in den Ruhestand versetzt werden, doch bittet er aufgrund seiner schlechten pekuniären Situation den Großherzog Friedrich Franz I. um die Beibehaltung seines Amtes für die Bade-Anstalt in Doberan-Heiligendamm mit den dafür vorgesehenen finanziellen Vergütungen. Severins Bitte wird entsprochen.
- **1836:** Am 20. Februar stirbt Severin in Doberan.

Verzeichnis der wichtigsten Bauten und Pläne von Carl Theodor Severin

Salongebäude, Speise- oder Kaufhaus (1801/02)

Ort: Bad Doberan, August-Bebel-Str. 3
Auftraggeber: Herzog Friedrich Franz I. von Mecklenburg-Schwerin
Zeit: 1801–1802; Erweiterung 1819–1821; 1879 entstellender Umbau zum Rathaus; 1957 weitgehende Rückführung der Fassade auf den ursprünglichen Charakter.
Material: Massiver Ziegelbau, verputzt
Grundriss: s. THIELCKE 1917, S. 40
Beschreibung: Langgestreckter, zweigeschossiger Bau von siebzehn Achsen mit flachem Walmdach hinter umlaufender Attika über hohem Gebälk. In der Mitte des symmetrischen Baukörpers ein flacher Risalit von fünf Achsen mit einer Portalnische. Der darüber befindliche vorgezogene Balkon entstammt der Bauphase von 1956/57. Gequaderte Lisenen an den Gebäudekanten und der mittleren Portalnische akzentuieren die Fassade, die im Untergeschoss beidseitig vom Risalit von rundbogig abschließenden und im Obergeschoss sowie im Untergeschoss des Risalits von rechteckigen Fenstern gegliedert wird. Die seit 1956/57 überhöhte Attika des Mittelrisalits verlief ursprünglich bündig um das ganze Dach herum und wurde am Risalit lediglich von einem flachen Segmentgiebel bekrönt. Der Erweiterungsbau eines neuen Saales schließt sich auf rechteckigem Grundriss im rechten Winkel gartenseitig an das Hauptgebäude an und wird auf beiden Langseiten durch sechs Fensterachsen und Pilaster gegliedert.
Innenräume: Beim Umbau zum Rathaus wurden bis auf den neuen Saal die Innenräume völlig verändert. Ursprünglich betrat man den Bau durch ein kleines Vestibül über quadratischem Grundriss, dem sich beidseitig in gleicher Größe jeweils eine Gardarobe bzw. Lesebibliothek und drei Kaufläden anschlossen. Das Obergeschoss dieser Vorderfronträume war mit Wohnzimmern ausgestattet. Hinter dem Vestibül lag der alte Saal, der sowohl als Speise- als auch Ballsaal genutzt

Grundriss des Salongebäudes.

wurde. Ihm schloss sich links ein kleines Konversationszimmer, der sogenannte Schweizer Saal (Tapetenbilder mit Schweizer Motiven) und rechts das Buffet an. Das Kellergeschoss nahm die Küche, Konditorei und Wirtschaftsräume auf. Mit der Ausdehnung des Kurbetriebs wurde der Erweiterungsbau notwendig, der sich so an den alten Saal anschloss, dass beide Säle gemeinsam benutzt werden konnten und sich dadurch die Platzkapazität beträchtlich erweiterte. Nach Fertigstellung des neuen Saales wurden hier vorzugsweise die Bälle abgehalten, zu denen die Musik von einer Empore an der Schmalseite des Saales aufspielte. Der Musikempore schlossen sich weitere Nebenräume und ein Büffet an, unter dem eine neue Küche lag. Der weitgehend im ursprünglichen Zustand erhalten gebliebene neue Saal schließt mit einer reich ornamentierten und zart stuckierten Flachdecke über kräftigem Randprofil ab und präsentiert sich zusammen mit der gemalten Randgliederung im festlich heiteren Empiredekor auf weißem Grundton mit hellblauen Wandflächen und goldener Ornamentik.

LITERATUR:[80] - RÖPER 1808, S. 22–26; - DORNBLÜTH 1834, S. 268; - DRESEN 1834, S. 39-41; - ZEDLITZ 1834, S. 99; - SACHSE 1843, S. 25; - KORTÜM 1858, S. 28—32; - THIELCKE 1917, S. 13-14, 20-21, Abb. S. 40, 48-49; - THIELCKE 1929, S. 348; - NIZZE 1936/2009, S. 45, 93, Abb. S. 46, 93; - BÜLOW O. J., S. 62-63; - HEIßEL 1939, S. 154-155; - BAIER/BEYER 1970, S. 62, 361; -BADSTÜBNER/BECKER/STEPANSKY/TROST 1975, S. 63-64, 323; - QUODBACH 1984, S. 40, 42; - BAIER/ENDE/OTTMANNS/TROST 1990, S. 235, Abb. S. 234, 236; - GROSCHANG 1994, S. 38-48; - BARTH 1995, S. 68-69; - VOGEL 1996, S. 256; - GROSCHANG 1999, S. 38-49; - KIRCHNER/BAUMGART 1999, S. 23-24, 27, 29-30; - GRUDNER/SKERL 2001, S. 7, 69; - MOHR/STENTZEL 2007, S. 15; - STUTZ/GRUNDNER 2015, S. 102

[80] Hinweis: Die zu den Bauten Severins gemachten Literaturangaben erheben nicht den An spruch auf Vollständigkeit.

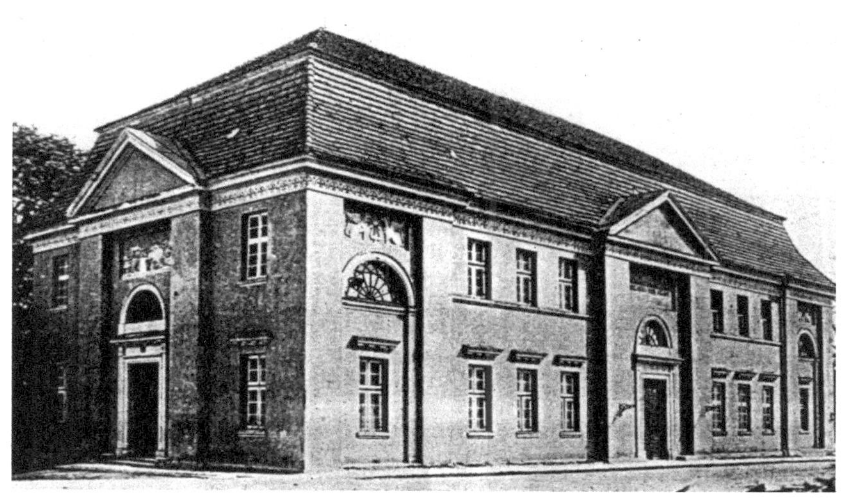

Schauspiel- oder Comödienhaus (1805/06)

Ort: ehemals Bad Doberan, auf der Stelle des heutigen Gymnasiums, Alexandrinenplatz 11

Auftraggeber: Herzog Friedrich Franz I. von Mecklenburg-Schwerin unter starker Beteiligung des Erblandmarschalls Karl Friedrich von Hahn (1782-1857)

Zeit: 1805-1808; 1886/87, vor Fertigstellung des 1889 errichteten Gymnasiums, abgebrochen

Material: massiver Ziegelbau, verputzt; im Innern die Konstruktion aus Holz

Grundriss: s. THIELCKE 1917 S. 41; Originalgrundriss Severins im Landeshauptarchiv Schwerin

Beschreibung: stattlicher, langgestreckter Bau auf rechteckigem Grundriss mit hochausladendem Mansarddach. Das auf der Längsseite elfachsige Gebäude orientiert sich in seiner Fassadengliederung noch an barocken Schlossbauten und zeigt in der symmetrischen Anlage flache, jedoch durch Pilaster stark betonte Risalite, durch die die beiden Geschosse optisch zusammengefasst werden. Die Form des giebelbekrönten Mittelrisalits, der jeweils im Mansarddach ausläuft, wiederholt sich axial auf allen Seiten. Ebenso wird das Motiv des stark profilierten Portals mit geradem Türsturz und großem Lünettenfenster nicht nur bei allen vier Mittelrisaliten aufgenommen, sondern ebenso in abgewandelter Form bei den vier Eckrisaliten, bei denen die Tür durch Rechteckfenster mit Fensterbekrönung ersetzt ist. Ringsum zeigen sich über den Lünettenfenstern aller Risalite querliegende Rechtecknischen mit antikisierenden Basreliefs zur Apolloikonographie (Schutzgott der Künste), für die Severin ebenfalls die Entwürfe geliefert haben soll. Den Vertikalstrukturen der Risalite, Pilaster und Tür- und Fenstereinschnitte sind in ausgewogener Harmonie die Horizontalstrukturen eines niedrigen Sockelgesims, das Band der Fensterbekrönungen in der Erdgeschosszone, das Fensterbankgesims im Obergeschoss und das umlaufende Kranzgesims mit aufgelegtem Palmettenfries, sowie die Dachkanten entgegengestellt. Über dem Hauptportal stand die Inschrift: „Erkenne dich selbst".

Innenräume: Die südliche Gebäudehälfte diente zur Aufnahme der Bühne und dahinterliegenden Garderobe, während die nördliche Hälfte in Abwandlung des barocken Logentheaters den etwa für 500 Personen ausgelegten, ovalen Zuschauerraum aufnahm. Er bestand aus einem erhöht liegenden Parkett, einem dahinter befindlichen Stehparkett und einer Galerie mit Galerielogen. Die hölzerne, stuckierte Flachdecke in Höhe des äußeren Kranzgesimses verlief durchgehend vom Zuschauer- zum Bühnenraum. In halber Höhe umschlossen das Parkett Holzarkaden, hinter denen die Galerie angeordnet war.

LITERATUR: - RÖPER 1808, S. 9; - ANONYM 1823, S. 137; - DORNBLÜTH 1834, S. 268; -DRESEN 1834, S. 42; - ZEDLITZ 1834, S. 99; - SACHSE 1843, S. 27; - KORTÜM 1858, S. 47; - THIELCKE 1917, S. 14-15, Abb. S. 41; - THIELCKE 1929, S. 348; - NIZZE 1936/2009, S. 53-57 (mit Abb.), 70, 188-189; - HEIßEL 1939, S. 155-156; - BÜLOW O. J., S. 63-64; - ADAMIAK 1980, S. 133-134, 244; - QUODBACH 1984, S. 40-41; - VOGEL 1996, S. 256-257; - GROSCHANG 1999, S. 23; -KIRCHNER/BAUMGART 1999, S. 23, 26; - GRUDNER/SKERL 2001, S. 7; - STUTZ/GRUNDNER 2015, S. 102

(Groß-)Herzogliches Palais (1806/10)

Ort: Bad Doberan. August-Bebel-Str. 4
Auftraggeber: Herzog Friedrich Franz I. von Mecklenburg-Schwerin
Zeit: 1806-1810
Material: Massiver Ziegelbau, verputzt
Grundriss: s. THIELCKE 1917, S. 40
Beschreibung: Stattlicher, langgestreckter, zweigeschossiger Bau auf rechteckigem Grundriss von dreizehn Achsen und in der Mitte der Rückfront über beide Geschosse hervortretendem fünfachsigem Halboval mit zwei übereinanderliegenden Gartensälen. Fassadengliederung und Grundriss sind am Stil der klassizistischen Berliner Architekturschule orientiert. Die Fassade der Vorderfront zeigt ein weit vorkragendes, auf Konsolen ruhendes, umlaufendes Kranzgesims und flaches Walmdach hinter niedriger Attika. Während die äußeren Achsen der Straßen- und Gartenfront als flache Risalite hervortreten, erscheint die vorderseitige Mittelachse als eine Portalnische mit vier eingestellten ionischen Säulen. Die Akzentuierung der flachen Eckrisalite erfolgte im Untergeschoss durch ein in eine hohe Rundbogennische eingestelltes, dreiteiliges, in der Mitte erhöhtes Rechteckfenster, in Anlehnung an J. H. Gentz' Berliner Münze. Das gleiche, allerdings verkleinerte Fenstermotiv auch im Obergeschoss des Eckrisalits, nur

in eine annähernd quadratische Nische eingestellt. Die Fenstersituation heute nicht mehr ganz im ursprünglichen Zustand erhalten. Ein Sohlbankgesims umzieht, abgesehen vom rückwärtigen Halboval, die gesamte Fassade. Die beiden, dreiachsigen Seitenfronten weisen prinzipiell das gleiche Gliederungssystem der Straßenfront auf, wobei die Mittelachse durch eine über beide Geschosse sich erstreckende flache, rechteckige Fensternische akzentuiert wird. Aufgrund des abschüssigen Geländes erscheint die Gartenfront durch das halbgeschossige Kellergeschoss in dreigeschossiger Gestalt. Das fünfachsige Halboval wird durch die über die beiden Obergeschosse reichenden sechs Pilaster in ionischer Ordnung gegliedert.

Innenräume: Die innere Raumaufteilung folgt noch immer dem klassischen Schema der spätbarocken französischen Schlossbaukunst. So öffnet sich im Untergeschoss im Mitteltrakt des Gebäudes nach Eintritt durch die Portalnische ein Vestibül auf rechteckigem Grundriss, dem sich hinter vier schlanken ionischen Holzsäulen das Treppenhaus mit doppelläufiger Treppe und gusseisernem Geländern vor dem Eintritt in den Speisesaal anschließt. Die reiche Empiredekoration dieses Gartensaals ist mit der von Louis Lafitte und Merry Joseph Blondel nach Modeln von Johann Xaver Mader le Père in Grisaille gedruckten Tapeten mit Szenen aus der antiken Amor-und-Psyche-Erzählung aus der Pariser Manufaktur Dufour noch im ursprünglichen Zustand von ca. 1820 erhalten. Ebenso zeigt sich die Decke dieses Gartensaales mit ihrem gemalten Zeltdach weitgehend in ihrer ursprünglichen Fassung. Zu beiden Seiten des Mitteltraktes schlossen sich zahlreiche kleinere Räume an, die als Empfangs-, Arbeits-, Wohn-, Schlaf- und Dienstzimmer genutzt wurden. Die grundsätzlich gleiche Raumaufteilung, nur ergänzt durch einen langen, schmalen Korridor, der gemäß französischer Schlossbauten des Barocks den separaten Zutritt zu den einzelnen Räumen gewährt, findet sich auch im Obergeschoss, wo ursprünglich Gäste und Dienerschaft untergebracht waren. Der obere Gartensaal wurde überdies in drei Einzelzimmer mit Vorraum unterteilt.

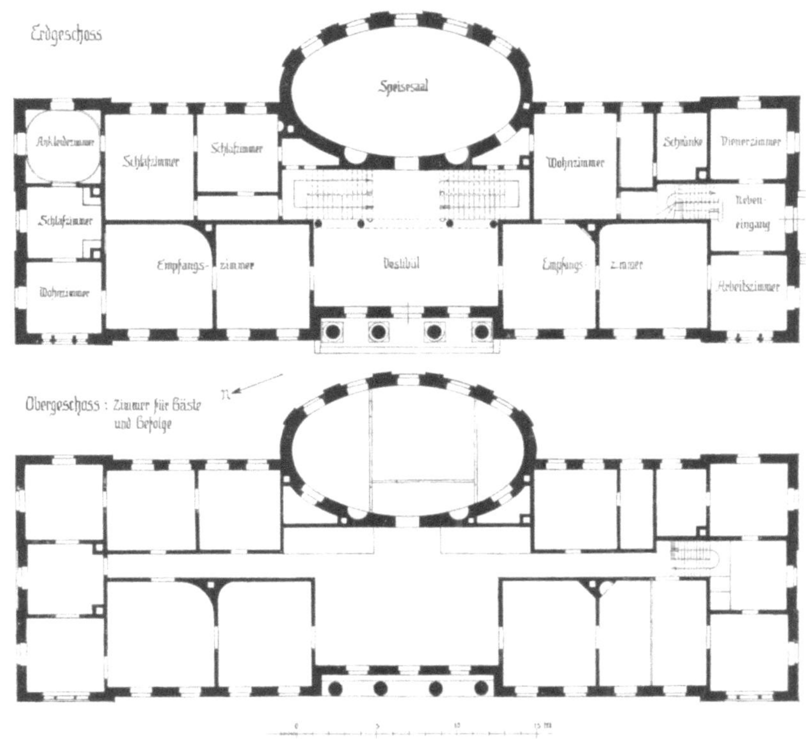

Grundriss des Großherzoglichen Palais in Doberan.

Literatur: - Röper 1808, S. 9-11; - Anonym 1823, S. 137; - Dornblüth 1834, S. 268; - Dresen 1834, S. 36-37; - Zedlitz 1834, S. 98-99; - Sachse 1843, S. 29; - Thielcke 1917, S. 15-17, Abb. S. 40, 42, 43; - Brandt 1925, S. 25, 26, Abb. S. 168, 172-175; - Nizze 1936/2009, S. 67- 68, Abb. S. 67; - Heißel 1939, S. 156; - Bülow o. J., S. 64; -Baier/Beyer 1970, S. 63-64, 361-362; -Adamiak 1980, S. 133, 135-136, 244; - Quodbach 1984, S. 41-43; - Baier/Ende/Ottmanns/Trost 1990, S. 235-236; - Pocher 1990, Bd. 1, S. 62; -Dolgner 1991, S. 205-207; - Koschke 1992, S. 75-77; - Groschang 1994, S. 48-58; - Barth 1995, S. 68-70; - Vogel 1996, S. 254, 257; -Groschang 1999, S. 49-61; - Kirchner/Baumgart 1999, S. 23, 31; - Webersinke 1999, S. 25-31; - Grudner/Skerl 2001, S. 7-8, 68; - Mohr/Stentzel 2007, S. 15, 40; - Winkler-Horaček/Reitz 2008, bes. S. 1-3; - Stutz/Grundner 2015, S. 102

Entwurf zu einem Mausoleum für die am 1. Januar 1809 verstorbene Louise Herzogin von Mecklenburg-Schwerin, Gemahlin von Friedrich Franz I. (1808)

Vorgesehener Ort: Schlosspark Ludwigslust
Auftraggeber: Herzog Friedrich Franz I. von Mecklenburg-Schwerin unter weitgehend gestalterischem Rückgriff auf Entwürfe des französischen Architekten und Kupferstechers Raux (tätig 1758/78) und von K. G. Langhans (1732-1808).
Zeit: 1808. Nichtausgeführter Entwurf, da der von Georg Johann Barca (1781-1826) eingereichte Entwurf zur Ausführung gelangte.
Material: geplant in Granitstein
Grundriss: quadratisch
Beschreibung: Spitzwinkelige Pyramide auf quadratischem Grundriss über massivem, dreistufigem Sockel. Während die formbildenden Pyramidenkanten sich gleichmäßig von der obersten Sockelstufe bis zur Pyramidenspitze entwickeln, sind auf allen vier Seiten der schrägen Wände jeweils senkrecht stehende Seitenwände herausgeschnitten, denen mittig ein giebelbekrönter Portikus vorgeblendet ist. Beiderseits eines jeden Portikus Lünettennischen unmittelbar über der obersten Sockelstufe, in denen Sphinxe lagern. Über dem Wandeinschnitt ein umlaufendes, von Konsolen getragenes Band mit Ornamentfries.
Innenraum: Über dem Innenraum im runden Grundriss wölbt sich eine pantheonartig kassettierte Kuppel. Quadratisch eingeschnittene Eingangsnischen mit korbbogenartigem Türabschluss ordnen sich kreuzförmig in den Rundraum ein, genauso wie die vier Halbrundnischen in den Ecken, die zur Aufnahme von Statuen gedacht waren.
Literatur: - DOBERT 1920, S. 42-43, Abb. S. 30; - LISSOK 1990, Bd. 1, S. 90-91, Bd. 2, Abb. 81

Entwurf für ein Grabmal für Lousise Herzogin von Mecklenburg-Schwerin.

Chinesischer Pavillon
sogenannter „Trichter“ oder „Roter Pavillon“ (1808)

Ort: Bad Doberan, genau im Zentrum des Kamps gelegen
Auftraggeber: Herzog Friedrich Franz I. von Mecklenburg-Schwerin
Zeit: 1808-1809
Material: Holzfachwerk, verputzt
Grundriss: s. THIELCKE 1917, S. 45
Beschreibung: Kleiner, eingeschossiger Pavillon auf oktogonalem Grundriss mit hölzernem Säulenumgang und weit überkragendem, achtkantigen Zeltdach, das in einem kräftigen Knauf mündet. Fenster und Türen des ebenfalls oktogonalen Kernbaus mit chinoisen Sprossen verziert. Schindelgedecktes Dach.
Innenraum: Der kleine, oktogonale Innenraum ersetzte das bislang am Platz befindliche Logierhaus-Zelt des Restaurateurs und diente zunächst als Musiksaal, später aber auch als Billard-, Restaurations- und Lesesaal.
Literatur: - Mecklenburgisches Hauptstaatsarchiv Schwerin: Acta Großherzogliche Bade-Intendantur Doberan, Nr. 329, 1-9; - ANONYM 1823, S. 137; - DORNBLÜTH 1834, S. 269; - DRESEN 1834, S. 38; - ZEDLITZ 1834, S. 99; - KORTÜM 1858, S. 51; - THIELCKE 1917, S. 17-18, Abb. S. 44-45; - BRANDT 1925, S. 26; - NIZZE 1936/2009, S. 112, 158; - HEIßEL 1939, S. 158-159; - QUODBACH 1984, S. 42; - BAIER/ENDE/OTTMANNS/TROST 1990, S. 239; - GROSCHANG 1994, S. 59-65, 101-111; - GÜNTHER 1995, S. 39; - VOGEL 1996, S. 253-254; - BAUMGART 1996, S. 113-119; - VOGEL 1997, S. 94; - GROSCHANG 1999, S. 61-68; - KIRCHNER/BAUMGART 1999, S. 23, 31; - GRUDNER/SKERL 2001, S. 34-35; - VOGEL 2004, S. 377-379; - MOHR/STENTZEL 2007, S. 42; - VOGEL 2014, S. 63-64; - STUTZ/GRUNDNER 2015, S. 102

J. G. Tiedemanns "Tableau von Doberan und dem Heiligendamm", Lithographie, um 1840.

Modell der chinoisen Pavillons auf dem Kamp zu Doberan, Foto 2018.

Zwei Boutiquengalerien (1810/12)

Ort: ehemals Bad Doberan, Nordseite des Kamps, beidseitig des gleichzeitig errichteten neuen Musikpavillons
Auftraggeber: Herzog Friedrich Franz I. von Mecklenburg-Schwerin
Zeit: 1810-1812; ca. 1860 abgebrochen
Material: Holzfachwerk, verputzt
Grundriss: zwei langgestreckte Bauten im Grundriss jeweils eines Segmentbogens (Grobskizze des Grundrisses in: Mecklenburgisches Hauptstaatsarchiv Schwerin: Kabinett I, Vol. 2004/11051 Acta betr. Den Bau eines Gebäudes mit einer Colonade sowie neben Boutique für sechs Kaufleute in einem Saal mit einigen Nebenzimmern befindl., Blatt 27)
Beschreibung: zwei jeweils zehnachsige, langgestreckte eingeschossige Gebäude auf segmentbogigem Grundriss in symmetrischer Anordnung zum gleichzeitig errichteten neuen Musiksaal. Ungeschmückte, schindelgedeckte Walmdächer überkragen den Gebäudekern und bilden eine Säulenkolonnade, die jeweils von elf Säulen getragen wird. Die zehn, rechteckig eingeschnittenen Türen in den Interkolumnen passen sich mit ihren chinoisen Sprossen dem exotischen Gesamtcharakter des chinoisen Gebäudeensembles auf dem Kamp an.
Innenräume: gleichförmig aneinandergereihte, zellenartige Kammern dienten jeweils zur Aufnahme von fünf winzigen Kaufläden mit dazugehörigem Schlafraum.
Literatur: - Mecklenburgisches Hauptstaatsarchiv Schwerin: Akten: Großherzogliche Bade- Intendantur, Nr. 331, Nr. 1-25; - ANONYM 1823, S. 138; - DORNBLÜTH 1834, S. 269; - DRESEN 1834, S. 39; - THIELCKE 1917, S. 17; - BRANDT 1925, S. 26; - NIZZE 1936/2009, S. 68, 72, 158; - HEIßEL 1939, S. 159; - GROSCHANG 1994, S. 66-67, 101-111; - VOGEL 1996, S. 254; - VOGEL 1997, S. 94-95; - GROSCHANG 1999, S. 68-71; KIRCHNER/BAUMGART 1999, S. 23; - VOGEL 2004, S. 377-379; - MOHR/STENTZEL 2007, S. 42; - VOGEL 2014, S. 64

Neuer Musiktempel oder Musiksaal (1810-12) (heute: „Weißer Pavillon“)

Ort: Bad Doberan, Nordseite des Kamps
Auftraggeber: Herzog Friedrich Franz I. von Mecklenburg-Schwerin
Zeit: 1810-1812
Material: Holzfachwerk, verputzt
Grundriss: s. THIELCKE 1917, S. 45
Beschreibung: oblonger, oktogonaler, zweigeschossiger Pavillon in chinoisem Pagodenstil mit von Holzsäulen getragenem, überkragendem Zeltdach, das einen Kolonnadenumgang überdeckt. Ein laternenartiger, oktogonaler Dachaufbau mit umlaufender Galerie und geschweiftem Zeltdach bekrönt den insgesamt schlichten Pavillon. Die rechteckig eingeschnittenen Fenster und Türen mit ihren chinoisen Sprossen sind den übrigen Bauten des Kamps angepasst. Schindelgedecktes Dach.

Innenräume: im Erdgeschoss queroblonger Raum mit acht Tür- und Fensteröffnungen und flach gewölbter Decke. Eine kleine Wendeltreppe auf der Nordseite führt ins ebenfalls queroblonge Obergeschoss mit gleichfalls je einer Fenster- und Türöffnung auf jeder der acht Wandflächen. Ursprünglich waren beide Räume mit chinoisen Motiven ausgemalt, in Verbindung mit antikisierenden Mäanderverzierungen und Palmetten an den Dachbalken. 1814 hatte der Wirt des Logierhauses, Herr Medini, im Musiktempel einen Teeklub eingerichtet.

Literatur: - Mecklenburgisches Hauptstaatsarchiv Schwerin: Akten: Großherzogliche Bade- Intendantur, Nr. 331, Nr. 1-25; - ANONYM 1823, S. 137; - DORNBLÜTH 1834, S. 269; -DRESEN 1834, S. 38; - ZEDLITZ 1834, S. 99; - THIELCKE 1917, S. 17-18; Abb. S. 44-45; - BRANDT 1925, S. 26; - NIZZE 1936/2009, S. 68, 102; - BAIER/BEYER 1970, S. 65, 362; - BADSTÜBNER/BECKER/STEPANSKY/TROST 1975, S. 57, 278; - ADAMIAK 1980, S. 137, 244; - QUODBACH 1984, S. 42; - BAIER/ENDE/OTTMANNS/TROST 1990, S. 239; - DOLGNER 1991, S. 191, 226, Abb. S. 208; - GROSCHANG 1994, S. 66-73, 101-111; - GÜNTHER 1995, S. 39; - VOGEL 1996, S. 254; - VOGEL 1997, S. 95; - GROSCHANG 1999, S. 68-76; - KIRCHNER/BAUMGART 1999, S. 23, 30; - VOGEL 2004, S. 377-379; - GRUDNER/SKERL 2001, S. 35; - MOHR/STENTZEL 2007, S. 42; - VOGEL 2014, S. 30, 64-65; - STUTZ/GRUNDNER 2015, S. 102

Seehospiz oder Armen-Krankenhaus (1810)

Ort: ehemals Heiligendamm, südlich vom Damenbad und westlich vom Badehaus gelegen

Auftraggeber: Stiftung der örtlichen Freimaurerloge

Zeit: 1810; 1844 abgebrochen und in veränderter Gestalt südlich vom Marstall wiedererrichtet

Material: vermutlich Fachwerk, verputzt

Grundriss: einfaches Rechteck

Beschreibung: Das in einer Ansicht nicht überlieferte einstöckige Gebäude glich in seiner einfachen Art den von Severin errichteten

Doberaner Bürgerhäusern. Im Giebel befanden sich die Insignien der Freimaurerloge.
Innenräume: In insgesamt sechs schlichten Zimmern konnten jeweils zwei arme Kranke aufgenommen werden; nach 1844 wurden es acht Zimmer für insgesamt 16 arme Kranke.
Literatur:- DORNBLÜTH 1834, S. 269-270; - DRESEN 1834, S. 49; - SACHSE 1843, S. 29; - KORTÜM 1858, S. 32-33; - THIELCKE 1917, S. 20; - NIZZE 1936/2006, S. 69; - QUODBACH 1984, S. 43; -MOHR/STENTZEL 2007, S. 34 (Situationsplan)

Pläne zum Ausbau und zur Restaurierung der Kirche St. Paul zu Schwaan (1813, 1826-29)

Ort: Kirche St. Paul zu Schwaan
Auftraggeber: Kirchenvorstand der Gemeine St. Paul zu Schwaan
Zeit: 1813 (die Entwurfsrisse und Anschläge zum Ausbau der Kirche blieben unausgeführt und gingen schon vor 1826 wieder verloren); im November 1826 erfolgte der Auftrag zur erneuten Projektierung der Ausbaupläne für die Erweiterung des Kirchengestühls durch einen Anbau unter Nutzung des bestehenden Materialienhauses, das er mit einem Bohlenbinderdach[81] abschloss.
Material: Ziegelmauerwerk, das aus dem Abbruchmaterial der beseitigten Bauglieder gewonnen wurde.
Grundriss: einfaches Rechteck
Beschreibung: Der eingeschossige Anbau über querrechteckigem Grundriss an der Südseite des Kirchenschiffs erstreckt sich an der Hauptfront über drei Achsen und an den Seiten über eine Achse mit Spitzbogenfenstern und –tür, die ohne Maßwerkverzierung versehen sind.
Innenräume: Durch das Bohlenbinderdach entstand eine spitztonnige Wölbung. Das Dachgesims umzieht auch die Hauptfront und teilt

[81] Vgl. RÜSCH 1997.

sie so optisch in zwei Geschosse, zumal drei weitere Spitzbogenfenster im Obergeschoss mit ihren großzügigen Fensteröffnungen für eine ausreichende Beleuchtung im Innenraum sorgen.

Literatur: - Landeskirchliches Archiv, Schwerin, Oberkirchenrat, Kirchenstände – Reparatur der Kirche zu Schwaan, Bd. 1 (1828-1833); - Mecklenburgisches Landeshauptarchiv, Schwerin, Dominalamt, Schwaan, Nr. 574, Durchbau Kirche (1826-1841); - HERMANNS 1996, S. 127-130;

Anbau an die Kirche St. Paul zu Schwaan.

Ansicht des Neuen Saales bei Doberan an der Ostsee (Ausschnitt), 1827.

Empfangs-, Gesellschafts-, Tanz- & Speisehaus (Kurhaus) (1814/17)

Ort: Heiligendamm, Strand
Auftraggeber: Herzog Friedrich Franz I. von Mecklenburg-Schwerin
Zeit: 1814-1816/17
Material: Massiver Ziegelbau, verputzt
Grundriss: s. THIELCKE 1917, S. 47
Beschreibung: Langgestreckter, zweigeschossiger Saalbau auf rechteckigem Grundriss unter hohem Walmdach und über vier Stufen zugänglicher, geräumiger Säulenvorhalle in dorisch-toskanischer Ordnung an der dem Meer zugewandten Langseite. Der jetzt auf der Ostseite gelegene kleine, eingeschossige Anbau auf rechteckigem Grundriss mit Säulenvorhalle auf der Seeseite stammt nicht von Severin und ist späteren Entstehungsdatums. Die neunachsige Längsfront mit der breiten dorischen Säulenhalle wird seitlich in der Flucht der Säulen je von vorgezogenen, seitlich geschlossenen Feldern flankiert, deren zweigeschossige Fensterachse aus großem, dreigeteiltem Fenster mit lünettförmigem Oberlicht besteht. Über kräftigem, triglyphengeschmückten Architrav eine Attika mit niedrigem, breit lagernden Dreiecksgiebel. Die glatten Putzflächen von Attika und Tympanon durch vertieftes Inschriftenfeld, gedrücktes Lünettenfenster und Uhr belebt. Über den Fenstern Basreliefs mit der Darstellung der Nereïden links, Tritonen rechts und Hygieia, der Göttin der Heilkunst, über dem Mitteleingang. Die ehemals an der Rückseite des Kopfbaus um einen Binnenhof gelegenen atriumartigen Kolonnadengänge, hinter denen

Wohn- und Wirtschaftsäume abgingen, dienten bei schlechtem Wetter als Wandelgänge zur Kurpromenade und wurden 1856 bei einem umfassenden Umbau des Hauses durch Neubauten ersetzt. Seither kam es auch zu massiven Veränderungen im Innern des Hauptbaus.

Innenräume: Vom langgestreckten Kursaal hinter der Säulenvorhalle liegen seitlich der Schmalseiten jeweils zwei Gesellschaftszimmer. Eine Türe in der Mitte des Kursaales führte weiter in den Arkadenhof, hinter dessen Säulenumgang sich die Aufgänge ins Obergeschoss sowie die Zugänge zu den Wohnräumen des Badeinspektors, zu Logierzimmern und Wirtschaftsräumen in der peristylartigen Anlage befanden. Im Obergeschoss lagen ebenfalls Gesellschaftszimmer und Wohnräume.

Inschrift: Die Inschrift „HEIC TE LAETITIA INVITAT POST BALNEA SANUM" wurde von dem Philologen der Rostocker Universität, Prof. Emanuel Huschke, verfasst. Sie verstand sich als Ergänzung zur Inschrift über der Thür des alten Badehauses, das von Seydewitz errichtet worden war und ihr Motto von den Antoninischen Bädern in Rom entlehnt hatte: „CURAE VACUUS. HUNC. LOCUM. ADEAS. UT MORBORUM. VACUUS. ABIRE. POSSIS. NAM. HIC. NON. CURATUR. QUI. CURAT" („Sorgenfrei komme her, damit du befreit von den Krankheiten wieder fortgehen kannst; denn nicht gesund wird der, welcher sich von Sorgen beherrschen lässt").

Literatur: - DORNBLÜTH 1834, S. 270, 293-295; - DRESEN 1834, S. 46-47; - SACHSE 1843, S. 30-31; - THIELCKE 1917, S. 15-19, Abb. S. 46-47; - BRANDT 1925, S. 25, 26, Abb. S. 175; - NIZZE 1936/2009, S. 76, 79-80; - BAIER/BEYER 1970, S. 128, 372; - BAIER/ENDE/OTTMANNS/TROST 1990, S. 266, Abb. S. 264, 265; - BADSTÜBNER/BECKER/STEPANSKY/TROST 1975, S. 63, 321; - ADAMIAK 1980, S. 138, 253; - TILITZKI/GLODZEY 1984, S. 523-524; - QUODBACH 1984, S. 41-42; - GROSCHANG 1994, S. 73-81; - KÜRTZ 1994, S. 13; - VOGEL 1995, S. 255-256; GÜNTHER 1995, S. 43; - GROSCHANG 1999, S. 18-19, 77-84; - KIRCHNER/BAUMGART 1999, S. 24; - GRUDNER/SKERL 2001, S. 8, 50, 52, 56, 86; - MOHR/STENTZEL 2007, S. 16-27, 32-33, 41-47, 56-58, 62-63, 86-87, 102-104; - STUTZ/GRUNDNER 2015, S. 102-103

Herrenbadeanstalt (1819)

Ort: ehemals Heiligendamm, am nordöstlichen Strandabschnitt
Auftraggeber: Badeintendantur bzw. Großherzog Friedrich Franz I. von Mecklenburg-Schwerin
Zeit: 1819; 1913 durch Sturmflut stark beschädigt, seither zum Restaurant umgebaut, später ganz beseitigt
Material: massiver Ziegelbau, verputzt
Grundriss: THIELCKE 1917, S. 47
Beschreibung: langgestreckter, eingeschossiger Bau von 21 Achsen und relativ flachem Walmdach. Die symmetrische Anlage der aneinandergereihten 17 kleineren Zimmer als Umkleidekabinen und vier größere Zimmer als Wärterräume wird jeweils in der 5. und 6. bzw. 16. und 17. Achse durch zwei zweiachsige Risalite gegliedert. Seeseitig öffnen sich die Umkleidekabinen und Wärterräume durch rechteckige Türöffnungen, während landseitig Lünettenfenster die langgestreckte Galerie des Herrenbades akzentuieren.
Innenräume: Einfache, zweckmäßige Rechteckzellen in Reihung ohne inneren Zugang zwischen den einzelnen Kabinetten, die mit Tisch, 1-2 Stühlen, Spiegel, Kleiderriegel, Stiefelzieher, Fußteppich, Wasch- und Nachtgeschirr ausgestattet waren.
Literatur: - DORNBLÜTH 1834, S. 274; - KORTÜM 1858, S. 18-20; - THIELCKE 1917, S. 20, Abb. S. 47; - BÜLOW O. J., S. 68; - NIZZE 1936/2009, S. 93

Schweifkuppel über dem Westturm der St.-Marien-Kirche zu Ribnitz (1819)

Ort: St.-Marien-Kirche zu Ribnitz (-Damgarten)
Auftraggeber: Kirchgemeinde St. Marien zu Ribnitz
Zeit: 1819
Material: Holzbalkenwerk
Grundriss: rechteckig
Beschreibung: Der Stadtbrand von 1759 hatte die Kirche stark in Mitleidenschaft gezogen. Nachdem von 1765-1789 bereits der Wiederaufbau des Kirchenschiffes mit dem Mansarddach erfolgte, erhielt der Westturm erst 1819 durch Carl Theodor Severin seine Schweifkuppel. Die Turmhaube wurde erst 1841/43 nach dem Entwurf von Georg Adolf Demmler aufgesetzt.
Literatur: - Landeskirchenarchiv Schwerin, Bauakten der St.-Marien-Kirche, Urkunde anläßlich der Einweihung des Turmdaches, 1. Dezember 1819; -BAIER/ENDE/OLTMANNS/TROST 1990, S. 475-476; HERMANNS 1996, S. 82, 84-85, 87, 129, 353

Schweifkuppel über dem Westturm der St.-Marien-Kirche zu Ribnitz.

Verbindungsgang zwischen Kurhaus und Altem Badehaus (1820)

Ort: ehemals Heiligendamm, Anbau an der Westseite des Kurhauses
Auftraggeber: Großherzog Friedrich Franz I. von Mecklenburg-Schwerin
Zeit: 1820. In den siebziger Jahren des 19. Jahrhunderts beseitigt
Material: mutmaßlich Holzfachwerk, z. T. verputzt
Grundriss: THIELCKE 1917, S. 47
Beschreibung: Westlich vom Gesellschaftszimmer führte ein kleiner eingeschossiger einachsiger Verbindungsgang mit beidseitig rundbogig abschließender Fenstertür zu einem Pavillon auf oktogonalem Grundriss, der von einem Zeltdach mit Knauf bedeckt wurde. Ein weiterer, gleichartiger Verbindungsgang in Richtung Norden stellte von hier aus die Verbindung zum alten Badehaus her.
Innenraum: Der oktogonale Pavillon war als eine Weinlaube ausgemalt.
Literatur: - DORNBLÜTH 1834, S. 270; - THIELCKE 1917, S. 20, Abb. S. 47; - NIZZE 1936/2009, S. 140; - QUODBACH 1984, S. 43

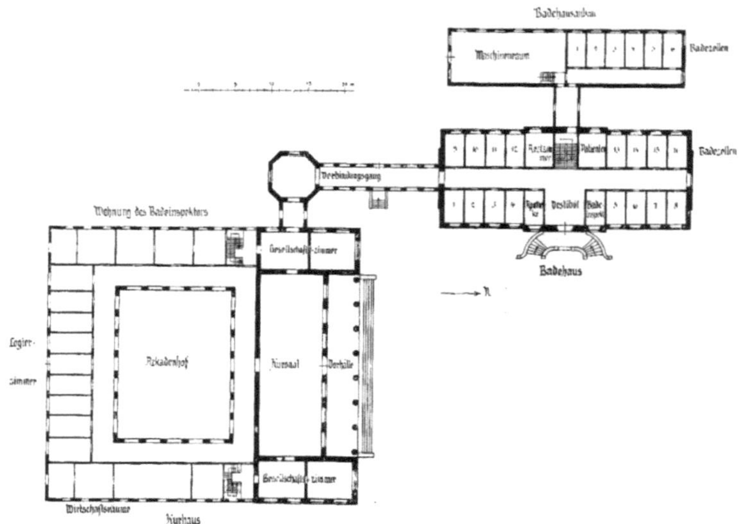

Grundriss des Kurhauses und des Badehauses mit Verbindungsgang in Heilgendamm.

Kleines Palais (Prinzenpalais oder Erbgroßherzogliches Palais) (1821/22)

Ort: Bad Doberan, Alexandrinenplatz 8 (ehemals: Springbrunnenplatz)[82]

Auftraggeber: Carl Theodor Severin, vom Großherzog für den Erbgroßherzog aufgekauft

Zeit: 1821-1822

Material: Massiver Ziegelbau, verputzt

Grundriss: THIELCKE 1917, S. 50

Beschreibung: zweigeschossiger Wohnhausbau von neun Achsen auf rechteckigem Grundriss mit Krüppelwalmdach und in der Mittelachse der Straßenfront flach vorspringendem, dreigeschossigen Giebelrisalit mit hoher, monumentaler Rundbogennische. Die tief eingeschnittene Bogennische durch einen schmalen Balkon auf zwei eingestellte dorische Säulen in der Portalzone unterteilt. Im Obergeschoss wird hinter dem Balkon das Motiv des großen dreigeteilten Rechteckfensters bzw. -tür aufgenommen. Unter dem von Stuckrosetten gerahmten Bogenfeld großes Lünettenfenster. Die übrige Wandfläche der Hauptfassade wird durch schlichte Rechteckfenster gegliedert, die im Erdgeschoss zusätzlich durch gerade abschließende Fensterverdachungen belebt werden und zusammen mit dem kräftig profilierten Sohlbank- und Dachgesims dem Bau zur Vertikaltendenz des Mittelrisalits die ausgleichende Horizontalwirkung verschaffen. Ursprünglich an der Nordwestecke des Obergeschosses umlaufender Balkon mit schmiedeeisernem Gitter. Die fünfachsigen, dreigeschossigen Giebelseiten mit flach vorspringendem, dreiachsigen Mittelrisalit werden ebenfalls in ihrer Vertikaltendenz der hochrechteckigen Fenster durch die Horizontalwirkung der Sohlbankgesimse und Fensterverdachungen ausgeglichen.

[82] Vgl. Gestaltungsähnlichkeiten mit der Kaserne der reitenden Artillerie von Becherer in Berlin, in: MEBES 1920, S. 216, sowie Gilly´s Entwürfe zu einem Landsitz und einem mehrmals ausgeführten Chausseewärterhaus in: RIEDEL 1804/06, Tafel 3 und außerdem die Alte Münze von Gentz in Berlin, in: MEBES 1920, S. 145.

Innenräume: Nahezu gleichmäßige, auf annähernd quadratischem Grundriss sich erhebende Wohn- und Gesellschaftsräume gruppieren sich nebeneinander um einen langen, schmalen Mittelgang, der sich offenbar noch vom Prinzip der barocken Enfilade ableitet. Im Erdgeschoss nimmt ein Vestibül, das zum gegenüberliegenden Treppenhaus führt, das repräsentative Motiv aufwendiger Eingangszonen barocker Palais – in allerdings schlichtester Formensprache – wieder auf. Die Zimmer des Obergeschosses – zumeist als Schlaf- und Wohnräume genutzt – zeigen gegenüber dem Erdgeschoss beinahe einen identischen Grundriss.

Literatur: - DRESEN 1834, S. 43; - SACHSE 1843, S. 31; - THIELCKE 1917, S. 23, Abb. 50-51; - BRANDT 1925, S. 26; - NIZZE 1936/2009, S. 95; - HEIßEL 1939, S. 160; - BÜLOW o. J., S. 64; -BADSTÜBNER/BECKER/STEPANSKY/TROST 1975, S. 63, 321; - QUODBACH 1984, S. 42; - POCHER 1990, BD. 1, S. 62-64; - BAIER/ENDE/OTTMANNS/TROST 1990, S. 237; - BARTH 1995, S. 69; - GROSCHANG 1999, S. 25; - KIRCHNER/BAUMGART 1999, S. 23

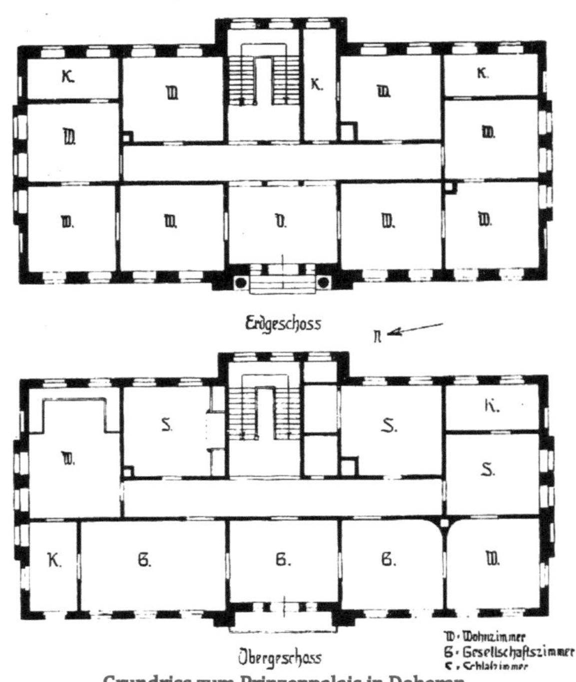

Grundriss zum Prinzenpalais in Doberan.

Ehemalige Neue Wache oder Hauptwache (1822-25)

Ort: Rostock, Universitätsplatz 4
Auftraggeber: Großherzog Friedrich Franz I. als Wachgebäude für das benachbarte Großherzogliche Palais
Zeit: 1822-1825
Material: Massiver Ziegelbau, verputzt
Grundriss: Rechteck
Beschreibung: Zweigeschossiges, fünfachsiges Gebäude auf rechteckigem Grundriss mit über die gesamte Fassade vorgesetztem monumentalen Säulenportikus von dorisch-toskanischer Ordnung. Ein kräftiger Architrav mit schlichtem Triglyphenfries und stark profiliertem Kranzgesims in Zahnschnitt umläuft den gesamten Bau, der von einer schlichten Attika abgeschlossen wird. Zwischen den sechs Säulen einfache, hochrechteckige Fenster bzw. Türen ohne weitere architektonische Gliederung.
Literatur: - QUODBACH 1984, S.43; - BAIER/ENDE/OTTMANNS/TROST 1990, S. 356-357; - GROSCHANG 1999, S. 37

Kleines Brunnenhaus (1822-1823)

Ort: ehemals Bad Doberan, neben der Eisenquelle hinter dem Stahlbad
Auftraggeber: Großherzog Friedrich Franz I. von Mecklenburg-Schwerin
Zeit: 1822-1823; 1843 bereits als niedergerissen vermerkt
Material: vermutlich massiver Ziegelbau, verputzt
Grundriss: Oktogon
Beschreibung: Kleiner, eingeschossiger, schlichter Pavillonbau auf oktogonalem Grundriss mit Zeltdach und kreuzweise angelegten Fenster- und Türöffnungen.
Innenraum: Vier schlichte Zellen
Literatur: - DORNBLÜTH 1834, S. 286-288; - THIELCKE 1917, S. 21; - NIZZE 1936/2009, S. 96; - PRIGNITZ 1994/4, S. 12

Haus „Gottesfrieden“ (1823-1824)

Ort: Bad Doberan, Alexandrinenplatz 5
Auftraggeber: Carl Theodor Severin
Zeit: 1823-1824
Material: Massiver Ziegelbau, verputzt
Grundriss: einfaches Rechteck
Beschreibung: Stattlicher, zweigeschossiger Wohnhausbau von sieben Achsen auf rechteckigem Grundriss mit Krüppelwalmdach. Die mittlere Achse der Vorderfront als monumentale Rundbogennische leicht zurückgesetzt, darin im Obergeschoss ein mit schmiedeeisernem Gitter versehener Balkon vor Fenstertür und beidseitig schmalen Hochrechteckfenstern. Lünettenfenster in der Bogennische unter dem Zwerchhaus, dessen Giebeldreieck durch kräftig profilierten Zahnschnitt in Sima und Geison akzentuiert wird. Die gesamte Erdgeschosszone als rustizierter Putzsockel ausgeprägt. Die Seitenfassaden vierachsig, dabei die beiden Mittelachsen als flacher Risalit hervorgehoben. Das kräftig profilierte Dachgesims mit Zahnschnitt umzieht auch die Seitenfassade und hebt dadurch das zweiachsige Dachgeschoss unter dem Krüppelwalmdach hervor.
Literatur: - Thielcke 1917, S. 23, Abb. S. 52; - Nizze 1936/2009, S. 95; - Heißel 1939, S. 160; - Quodbach 1984, S. 42-43; - Pocher 1990, BD. 1, S. 62-64; - Baier/Ende/Ottmanns/Trost 1990, S. 237; - Barth 1995, S. 68-69; - Groschang 1999, S. 25, 36

Stahlbad (1825)

Ort: Bad Doberan, Bahnhofstraße[83]
Auftraggeber: Großherzog Friedrich Franz I. von Mecklenburg-Schwerin
Zeit: 1825; um 1900 Aufbau des Obergeschosses mit pilastergegliedertem Festsaal und gleichzeitig Erhöhung des Portikus um ein zweites Geschoss
Material: Massiver Ziegelbau, verputzt
Grundriss: THIELCKE 1917, S. 50
Beschreibung: Ursprünglich langgestreckter Bau von 15 Achsen auf rechteckigem Grundriss über niedrigem Sockel mit bis ins Walmdach reichendem Giebel eines dreiachsigen mittleren Säulenportikus mit vier bündig eingestellten dorischen Säulen. Zur Vorhalle des Säulenportikus führt eine schmale kleine Freitreppe. Im Tympanon des stark durch Zahnschnitt in Sima und Geison profilierten Dreiecksgiebels eine halbkreisförmige Lünettennische mit Runduhr. Beiderseits symmetrisch vom Giebeldreieck ursprünglich Dachgaupen. Die Aufstockung um 1900 erfolgte im Wesentlichen mit dem gleichen Formengut von C. Th. Severin.

---

[83] Nach Leerzug des Gebäudes in den 1990er Jahren befindet es sich heute in einem völlig ruinierten Zustand!

Innenräume: Der Eintritt aus der Vorhalle des Säulenportikus erfolgt über ein Vestibül zu einem geräumigen Speisesaal. Beiderseits vom Vestibül führt ein langer Gang links zu sechs Logierzimmern und den Wohnräumen des Bademeisters sowie rechts zu zwölf Badezellen. *„Die 12 geräumigen, mit allem nöthigen Mobiliar ausgestatteten, 14 Fuß hohen Badezimmer haben hölzerne, angemalte, versenkte Wannen, deren zweckgemäße Leitungsröhren, verschließbare Hähne ec. gleich denen am Heiligendamm construirt sind. In mehreren Badezimmern sind bereits die Wasser-Closets in derselben Art als am Heiligendamm eingerichtet.* [...] *Sämmtliche Einrichtungen bekunden auch in diesem Tempel der Hygieia die fürstliche Freigebigkeit des Allerdurchlauchtigsten"* (DORNBLÜTH 1834, S. 289).

Literatur: - DORNBLÜTH 1834, S. 288; - DRESEN 1834, S. 66-67; - SACHSE 1843, S. 33; - THIELCKE 1917, S. 21, Abb. S. 50; - NIZZE 1936/2009, S. 98; - HEIßEL 1939, S.159; - BÜLOW o. J., S. 64; - QUODBACH 1984, S. 41, 43, 44; - PRIGNITZ 1994/4, S. 12; - GROSCHANG 1999, S. 35

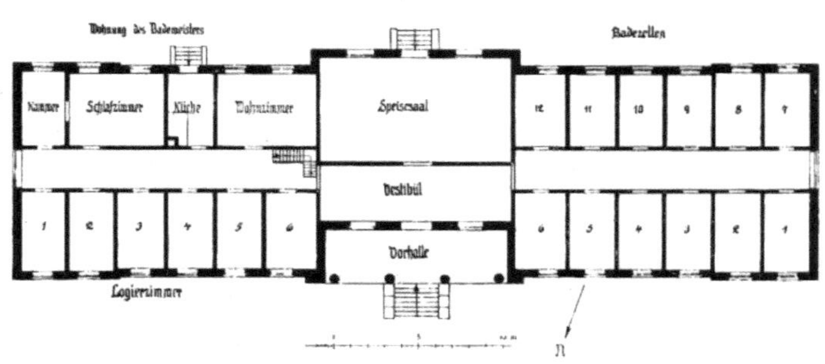

Stahlbad im ursprünglichen Zustand, Aufriss und Grundriss.

Haus Medini (1825)

Ort: Bad Doberan, Severinstr. 5 (ehemals: Kamp 9)[84]
Auftraggeber: Großherzoglicher Oberküchenmeister Medini
Zeit: 1825
Material: Massiver Ziegelbau, verputzt
Grundriss: THIELCKE 1917, S. 53
Beschreibung: Dreigeschossiges Wohnhaus von sieben Achsen mit Walmdach über von Konsolen getragenem Kranzgesims. Die beiden Außenachsen als flach vorspringende Eckrisalite ausgebildet, die Mittelachse als leicht zurückspringende, große Mittelnische ausgeformt. Die Fenster der Seitenrisalite durch eingestellte Pfeiler dreiteilig mit darüber im Erdgeschoss rechteckigem, im ersten Obergeschoss halbrundem Putzspiegel, der mit reichem vegetabilischen Stuckdekor geschmückt ist. Die Mittelnische ähnlich durch dreiteilige Fenster- und Türformen gegliedert. Im Erdgeschoss führt eine fünfstufige, kleine Freitreppe zu einem schlichten Rechteckportal mit beidseitig schmalen Hochrechteckfenstern. Über dem Hauptportal auf vier profilierten Holzkonsolen ruhender Balkon mit schmiedeeisernem Gitter. Die Balkontür mit gleichfalls beidseitigen schmalen Seitenfenstern und halbkreisförmigem Oberlicht ausgestattet. Die übrigen Fenster im Erd- und Obergeschoss unter kräftig profilierten Verdachungen hervortretend. Im Erdgeschoss des rechten Seitenrisalits statt Fenster eine breite Hofeinfahrt.
Innenräume: Funktional den Wohnbedürfnissen angepasst. Ursprünglich befand sich in einem der Zimmer ein Tapetenpaneel mit einer gedruckten französischen Bildtapete aus der Zeit um 1840, die Motive bäuerlicher Szenen und Jagdepisoden in einer Schweizer Gebirgslandschaft zeigt. Diese Tapete befindet sich heute im Deutschen Historischen Museum in Berlin nachdem sie für längere Zeit in einem der Gesellschaftszimmer im Obergeschoss des Kurhauses zu Heiligendamm untergebracht worden war.

---

[84] Verwandte Gebäude befanden sich in Berlin, Oberwallstr. 21, und in der Jägerstr. 61 (vgl. RIEDEL 1804/06).

Literatur: - DRESEN 1834, S. 61; - THIELCKE 1917, S. 23, Abb. S. 53; - NIZZE 1936/2009, S. 54; - HEIßEL 1939, S. 160; - BÜLOW O. J., S. 64; - BAIER/BEYER 1970, S. 66, 362; - QUODBACH 1984, S. 43; - POCHER 1990, BD. 1, S. 64; - BAIER/ENDE/OTTMANNS/TROST 1990, S. 238-239; - GROSCHANG 1999, S. 36

Aufriss des Hauses Medini in Bad Doberan von Carl Theodor Severin.

Carl Theodor Severin: Haus am Kamp 13, ehemals Nr. 246, Foto 1917.

Wohnhaus (um 1825-30)

Ort: Bad Doberan: Am Kamp 13 (ehemals: Am Kamp 246, später: Am Kamp 22)

Auftraggeber: Privater Bürgerauftrag

Zeit: um 1825

Material: Massiver Ziegelbau, verputzt

Grundriss: THIELCKE 1917, S. 54

Beschreibung: Einstöckiges Wohnhaus von sieben Achsen mit dreiachsigem, zweigeschossigen Zwerchhaus und fast bis zur Firsthöhe des Krüppelwalmdachs reichendem, stark profilierten Dreiecksgiebel mit Lünettenfenster im Tympanon. Das stark profilierte Dachgesims teilweise bis zur vierachsigen Seitenfassade umlaufend. Auf der Südseite ein die gesamte Gebäudetiefe einnehmender späterer zweigeschossiger Anbau mit Giebel zur Straße. Im Erdgeschoss heute Ladeneinbauten. Insgesamt stark veränderte Baugestalt.

Innenräume: Vom langgestreckten mittig gelegenen Flur und Treppenhaus führten beidseitig Wohnstuben und diverse Kammern ab. Auch das Obergeschoss war in eine große Wohnstube und etwas kleinere Küche und Kammer gegliedert.

Literatur: - THIELCKE 1917, S. 23-24, Abb. S. 54; - NIZZE 1936/2009, S. 54; - BAIER/ENDE/OTTMANNS/TROST 1990, S. 239

Vorder- und Seitenansicht der Fassade sowie Grundriss und Querschnitt Haus am Kamp 13, ehemals Nr. 246.

Carl Theodor Severin: Fassade des Hauses Alexandrinenplatz 1 (ehemals Alexandrinenstr. 5)

Wohnhaus (um 1825)

Ort: Bad Doberan, Alexandrinenplatz 1 (ehem.: Alexandrinenstr. 5)
Auftraggeber: Privater Bürgerauftrag
Zeit: um 1825
Material: Massiver Ziegelbau, verputzt
Grundriss: einfaches Rechteck
Beschreibung: Zweigeschossiger Wohnbau von sieben Achsen mit Krüppelwalmdach und betonter Mittelachse. Im Erdgeschoss ist diese Mittelachse mit eingestellten, dorischen Säulen und kräftigem Architrav als flache Eingangsnische für ein Portal und beidseitig schmalen Rechteckfenstern ausgebildet. In ähnlicher Weise wird im Obergeschoss das Mittelfenster von dorischen Halbsäulen und schmalen Rechteckfenstern gerahmt. Darüber, über profiliertem Dachgesims, niedrige Attika mit flachem Dreiecksgiebel und großem Lünettenfenster. Ein Sohlbankgesims im Obergeschoss und die kräftigen Fensterverdachungen im Untergeschoss sorgen zusammen mit dem niedrigen Sockel für eine horizontale Akzentuierung des Gebäudes.
Literatur: - SCHULTZE-NAUMBURG 1907, Abb. 99; - THIELCKE 1917, S. 23 (Abb. S. 55); - NIZZE 1936/2009, S. 54; - BAIER/ENDE/OTTMANNS/TROST 1990, S. 236

Doppelwohnhaus (nach 1825)

Ort: Bad Doberan, Kastanienstr. 4 und 6
Auftraggeber: Privater Bürgerauftrag
Zeit: nach 1825
Material: massiver Ziegelbau, verputzt
Grundriss: einfaches Rechteck
Beschreibung: Eingeschossiges Doppelwohnhaus von acht Achsen über niedrigem Sockel und breiter, dreistufiger Freitreppe, die zu den paarig angeordneten Eingangstüren des zweiachsigen, weit ins Krüppelwalmdach eingreifenden, zweigeschossigen, flach vorspringenden Mittelrisalits mit hohem Dreiecksgiebel und Lünettenfenster im Tympanon führt. Die Kanten, Gurtgesims sowie Geison und Sima des Giebeldreiecks werden am Mittelrisalit durch Lisenen betont. Die kräftig modelierten Fenstersohlbänke und das Dachgesims betonen zusammen mit dem niedrigen Sockel die breitlagernde Wirkung des Baus, der durch Ecklisenen in ein festes tektonisches Gerüst eingespannt wird. Die Seitenfassade dreiachsig mit im Erdgeschoss eng an der Symmetrieachse liegenden großen Fenstern, während im Obergeschoss ein großes Fenster, flankiert von zwei kleinen Fenstern, die Symmetrieachse bildet.
Innenräume: Das Doppelhaus für vier Familien mit doppeltem symmetrischen Grundriss stellt pro Gebäudehälfte im Erdgeschoss jeweils zwei Familien von einem langen, schmalen Gang mit Stiegenhaus eine Stube mit Küche und Kammer zur Verfügung, während das Obergeschoss mit der Lukarne weitere Kammern mit Nebengelass bereithält.
Literatur:- THIELCKE 1917, S. 24, Abb. S. 55; - BAIER/ENDE/OTTMANNS/TROST 1990, S. 241

Carl Theodor Severin: Kleinbürgerliches Doppelhaus in der Kastanienstr. zu Doberan, Nr. 4 und 6, Geometrische Vorder- und Seitenansicht, Grundriss und Schnitt.

Der Heilige Damm von der Ostseite (mit Severins Belvedere) von A. Schöder nach Georg Carl Birkenstaedt, um 1830.

Aussichtsturm oder Belvedere (1827-1830)

Ort: ehemals Heiligendamm, vor dem Strand am Kurhausplatz

Auftraggeber: Großherzog Friedrich Franz I. von Mecklenburg-Schwerin

Zeit: 1827-1830; später abgebrochen

Material: massiver Ziegelbau, verputzt

Grundriss: quadratisch

Beschreibung: Einfacher, eingeschossiger Baukörper von würfelhaft-blockartiger Form auf nahezu quadratischem Grundriss. Das gesamte Gebäude war vollständig von Putzquaderung überzogen. Seeseitig wies der Bau das für Severin so typische Motiv der Portalnische mit eingestellten, dorisch-toskanischen Säulen (in Angleichung an die Säulenordnung des Kurhauses) auf. Die Seitenfassaden besaßen ein mittig angeordnetes Rechteckfenster. Das aufwendige, umlaufende Gesims wurde von Konsolen getragen und nahm die flache Attika auf, die gleichzeitig als begrenzende Brüstung für das Flachdach des Belvederes diente.

Innenraum: Ein Stiegenhaus führte zur Aussichtsplattform auf dem Dach.

Literatur: - THIELCKE 1917, S. 20; - VOGEL 1996, S. 258;

Ausgrabungs- und Rekonstruktionspläne der Doberaner Klosteranlage (1829-1834)

Ort: Bad Doberan, Gelände des ehemaligen Zisterzienserklosters
Auftraggeber: Großherzog Friedrich Franz I.
Zeit: 1829-1834
Ziele: Die Pläne befinden sich im Mecklenburgischen Landesarchiv in Schwerin. Sie betreffen u. a. die neue Farbfassung des Innenraums, die Reparatur von Dächern und Fenstern, die Neulegung des Fußbodens und Veränderungen des Gestühls sowie Ausgrabungen und Aufmessungen des Bestandes unter der Bauleitung von C. Th. Severin. Seit 1793 war durch die gartenarchitektonische Gestaltung des Geländes des Doberaner Münsters das umliegende Areal in den Bereich der Spaziergänge und Sehenswürdigkeiten im Badeort mit einbezogen worden. Nach 1805 verstärkte sich – beflügelt auch durch einen Münzfund im Klostergelände – das Interesse an diesem gotischen Bau, dessen nähere architekturhistorische Erkundung der Großherzog am Ende des dritten Jahrzehnts des 19. Jahrhunderts in Auftrag gab. Severin hatte Teilbereiche der schon abgebrochenen Klosteranlage freigelegt, doch der damals noch vorherrschende Mangel an konkreten Kenntnissen über Strukturen der Zisterzienserarchitektur hatte bei Severin teilweise auch zu falschen Abmessungen und Interpretationen der Befunde geführt. Ob Severin auch bei der 1822 erfolgten Restaurierung der Kapelle in Althoff die Arbeiten plante und leitete ist fraglich (vgl. HERMANNS 1996, S. 132).
Literatur:- DRESEN 1834, S. 31-32; - SEVERIN 1836/1839; - HEIẞEL 1939, S.112-113; - QUODBACH 1985, S. 44; - HERMANNS 1996, S. 384; - LISSOK 1997, S. 12-15; - GROSCHANG 1999, S. 37; - KIRCHNER/BAUMGART 1999, S. 22-23;

Carl Theodor Severin: Gothische Rosetten altdeutscher Baukunst aus der Kirche zu Doberan, Rostock 1836/39.

Auswahl von Carl Theodor Severin zugeschriebenen Bauwerken

Mausoleum bzw. Erbbegräbnis (1797/1800)

Ort: Gutspark Pütnitz, Ribnitz-Damgarten, OT Pütnitz
Auftraggeber: Christiane von Dechow, geb. von Schmiterlow für ihren verstorbenen Gatten Joachim Christoph von Dechow (1733-1797)
Zeit: 1797 nach dem Erlöschen der männlichen Linie der Familie von Dechow in Auftrag gegeben. Ernst von Zanthiers († 1797), der Ehemann der Auftraggeberin und ihres gleichnamigen Sohnes, verstarb ebenfalls in dieser Zeit.
Material: massiver Ziegelbau, ursprünglich wohl verputzt
Grundriss: nahezu quadratisch
Beschreibung: schlichter, würfelförmiger Bau mit kräftigem Kranzgesims und ursprünglich Kuppeldach (heute: Zeltdach) Der Eingang des Baus wird durch eine um eine Säulentiefe vorspringenden Portikus betont, dessen Architrav von zwei toskanischen Säulen getragen wird. Ein späterer Umbau führte an der Vorderfront ein bis auf ein aus dem Mauerverband hervorgragendes gemauertes lateinisches Kreuz schmuckloses Giebeldreieck auf und verfälscht die ursprüngliche Ansicht des Erbbegräbnisses.Vier Stufen führen zum breiten Eingangsportal. Lünettenfenster an den Seiten sorgen für eine spärliche Innenraumbeleuchtung.
Innenraum: einzelliger Raum zur Aufnahme der Sarkophage.
Literatur: Sternkiker 2015

Carl Theodor Severin: Mausoleum in Pütnitz, Zustand 2018.

Mausoleum in Buchholz.

Mausoleum bzw. Grabkapelle (1810)

Ort: Ziesendorf, Ortsteil Buchholz im Landkreis Rostock
Auftraggeber: Gutsbesitzerfamilie des Magnus Friedrich Helms auf Ziesendorf
Zeit: 1809/10
Material: massiver Ziegelbau, verputzt
Grundriss: quadratisch
Beschreibung: Schlichter, eingeschossiger, pavillonartiger Bau mit Zeltdach. Die Eingangsseite zeigt das für Severin so typische Motiv der Portalnische mit eingestellten Säulen in dorischer Ordnung. Ein schlichtes, ebenfalls in die Nische eingestelltes Giebeldreieck überdacht die Tür. Über schmucklosen Eckpilastern ein umlaufender Architrav mit Kranzgesims und Zahnschnitt. Ein gedrücktes Lünettenfenster in der oberen Mitte der Seitenwände sorgt im Innenraum für Tageslicht.
Innenraum: Zelle mit quer zum Eingang liegendem Tonnengewölbe. Zwischen 1810 und 1846 diente die Kapelle als Begräbnisstätte für zehn Angehörige der Gutsbesitzerfamilie Helm, zuerst für den am 10. Februar 1810 verstorbenen Magnus Friedrich Helm. Seit 1893 dient die Kapelle als Leichenhalle.
Literatur: - QUODBACH 1984, S.44; - BAIER/ENDE/OTTMANNS/TROST 1990, S. 301 (Abb.), 302

Das Herrenhaus Körchow, vor 1945.

Herrenhaus (1822)

Ort: Körchow, Gemeinde Biendorf, OT Körchow im Landkreis Rostock, Amt Neubukow-Salzhaff

Auftraggeber: V. von Bülow (nach D. Pocher), oder wohl eher von Friedrich Nicolas Andreas Thomsen, der von 1817 bis 1828 im Besitz des Gutes war.

Zeit: 1822 (vermutlich lediglich Umbau eines schon bestehenden älteren Baus aus dem 18. Jahrhundert)

Material: massiver Ziegelbau, verputzt

Grundriss: Rechteck mit vorspringendem Risalit

Beschreibung: breitgelagerter, eingeschossiger Bau von neun Achsen über flachem, etwas abgeseztem Sockel mit kleiner, dreistufiger Freitreppe zum Eingang. Risalitartig treten an der Hoffassade die beiden Außenachsen flach hervor und nehmen zusammen mit dem flachem, dreiachsigem Mittelrisalit über zwei Geschossen den Gedanken der barocken Trikliniumsanlage – freilich in extrem reduzierter Form

– wieder auf. Im Erdgeschoss des von einem Dreiecksgiebel bekrönten Mittelrisalits bilden zwei mauerbündig eingestellte Säulen in dorisch-toskanischer Ordnung eine kleine Vorhalle zum Eingang des Hauses, die von einer dreiteiligen, hochrechteckigen Tür-Fenster-Gruppe gebildet wird. Obergeschoss und Giebeldreieck des Mittelrisalits ragen aus dem Manssarddach heraus. Das Giebeldreieck wird durch kräftig profilierten Zahnschnitt in Sima und Geison sowie durch ein großes Lünettenfenster im Tympanon belebt. Ursprünglich umzog ein kräftig profiliertes Dachgesims den gesamten Bau. Die symmetrisch angeordneten beiden eingeschossigen Seitenflügel von je vier Achsen mit je einachsigem Seitenrisalt, der von einem Schildgiebel mit dreiteiligem Lünettenfenster bekrönt wird, stammen ebenfalls aus der Bauzeit. Die Rückseite zeigt annähernd die gleiche Fassadengliederung wie die Hofseite, nur dass ein über drei Achsen sich erstreckendes Polygonal zur Aufnahme des ehemaligen Gartensaales (ähnlich wie beim Palais in Doberan) die Stelle des Mittelrisalits vertritt. Davor flache Terrasse mit ehemals doppelläufiger Treppe. Fledermausgaupen und Mansarddachfenster gliederten ursprünglich das Mansarddach.

Literatur:- BÜLOW O. J., S. 65; - POCHER 1990, BD. 1, S. 61-62, 64; BD.2, S. 54-55

Pferderennbahn (1822-1823)

Ort: Auf der Westseite der Chaussee von Bad Doberan nach Heiligendamm
Auftraggeber: Großherzog Friedrich Franz I. von Mecklenburg-Schwerin als Geschenk für den Doberaner Pferderennverein
Zeit: 1822-1823 zunächst als Tribüne, später auf vier Tribünen mit Türmchen erweitert; 1945 beschädigt und danach bald abgetragen
Material: Fachwerk über massivem Sockelgeschoss
Grundriss: Rechteck auf 22 Holzstützen
Beschreibung: Offene Fachwerktribüne auf rechteckigem Grundriss mit flachem Satteldach und Holzschnitzverzierungen. Der vermutlich von Severin projektierte Sport-Bau gilt als einer der ersten Einrichtungen dieser Art auf dem europäischen Festland.
Literatur: - SACHSE 1843, S. 26 (1804 erstes Pferderennen in Doberan); S. 33 (Anlage der Rennbahn); - KORTÜM 1858, S. 52-53; - MECKLENBURG 1929; - NIZZE 1936/2009, S. 98, 100-101 (mit Abb); - PRIGNITZ 1977, S. 24; - ECKHARDT 1978, S. 57 (mit Abb.); - GRÜNDEL 1997, S. 37-43; - KIRCHNER/BAUMGART 1999, S. 24

Kurhaus oder Sanatorium (1822-1824)

Ort: Bad Sülze
Auftraggeber: Großherzog Friedrich Franz I. von Mecklenburg-Schwerin
Zeit: 1822-1824
Material: Fachwerk, verputzt
Grundriss: Rechteck
Beschreibung: Langgestreckter, zweigeschossiger Bau von elf Achsen über rechteckigem Grundriss mit Krüppelwalmdach. Lediglich die Vorderfront des Fachwerkbaus als streng klassizistische Putzfassade ausgebildet. Ein flach hervortretender fünfachsiger Mittelrisalit schließt mit einem gedrückten Dreiecksgiebel ab, wobei die drei mittleren Achsen wieder auf die Fluchtlinie der Längsfront zurücksprin-

Kurhaus im Sol- und Moorbad Sülze, Postkarte von 1905.

gen. Im Erdgeschoss öffnet sich in Breite der drei Mittelachsen eine tiefe Portalhalle, die von zwei kannelierten dorischen Säulen gestützt wird. Die Erdgeschossfenster des Mittelrisalits dreigeteilt, mit Lünettenabschluss und halbkreisförmiger Bogennische. Die anderen Fenster des Erdgeschosses vereinfacht in Hochrechteckform mit Lünettenabschluss. Alle Fenster des Obergeschosses ebenfalls in einfacher Hochrechteckform, lediglich die in den äußeren Achsen des Risalits zusätzlich durch schwere klassizistische Verdachung betont. Sockel-, Sohlbank- und kräftig profiliertes Dachgesims unterstreichen zusammen mit der niedrigen Attika die langgestreckte, horizontale Orientierung des Bauwerks. Anbauten an der Hof- und Südseite datieren aus späterer Zeit. Der leergezogene Bau ist heute vom Totalverlust bedroht.

Innenräume: Heute stark verändert; ursprünglich ausgestattet mit zwölf Badezimmern, 18 Logierzimern und einem Saal für Bälle und Konversation.

Literatur: - BLÜCHER 1829, Frontispiz, S. 173-174; - FUCHS 1954, S. 41-48; - QUODBACH 1984, S. 40; - BAIER/ENDE/OTTMANNS/TROST 1990, S. 490; - MAGER 1997, S. 72-73; - GROSCHANG 1999, S. 37

Wohnhaus (um 1825)

Ort: Bad Doberan, Alexandrinenplatz 2
Auftraggeber: privater Bürgerauftrag
Zeit: um 1825
Material: massiver Ziegelbau, verputzt
Grundriss: einfaches Rechteck mit leicht vorspringendem Hauptrisalit an der Straßenfassade.
Beschreibung: Zweigeschossiger Wohnhausbau von sechs Achsen mit Krüppelwalmdach und zweiachsigem Frontispiz. Im Erdgeschoss haben Ladeneinbauten des 20. Jahrhunderts die ursprüngliche Baustruktur stark verändert.
Literatur:- NIZZE 1936/2009, S. 54; - BAIER/ENDE/OTTMANNS/TROST 1990, S. 237

Wohnhaus (um 1825)

Ort: Bad Doberan, Alexandrinenplatz 6
Auftraggeber: Privater Bürgerauftrag
Zeit: um 1825
Material: Massiver Ziegelbau, verputzt.
Beschreibung: Zweigeschossiger Wohnbau auf hohem Sockelgeschoss von sechs Achsen und Krüppelwalmdach. Die Mitte des Baus wird von einem zweiachsigen Zwerchhaus mit Frontispiz akzentuiert. Der Altan wurde erst um 1900 angebaut.
Literatur:- NIZZE 1936/2009, S. 54; - BAIER/ENDE/OTTMANNS/TROST 1990, S. 237

Der Neue Markt in Doberan mit den von C. T. Severin entworfenen Wohnbauten, Farblithographie 1855.

Wohnhaus (nach 1825)

Ort: Bad Doberan, Kastanienstr. 18
Auftraggeber: Privater Bürgerauftrag
Zeit: Nach 1825
Material: massiver, verputzter Ziegelbau
Grundriss: einfachers Rechteck
Baubeschreibung: Eingeschossiges Doppelwohnhaus von je vier Achsen (ähnlich wie das Doppelwohnhaus Kastanienstr. 4 und 6) mit zweigeschossigem, zweiachsigem Zwerchhaus. Die Umbauten des 20. Jahrhunderts haben die ursprüngliche Baustruktur des Doppelhauses stark verändert.
Literatur: - BAIER/ENDE/OTTMANNS/TROST 1990, S. 241

Wohnhaus in Doberan, Markt 3.

Wohnhaus (um 1825)

Ort: Bad Doberan, Markt 3
Auftraggeber: Privater Bürgerauftrag
Zeit: um 1825
Material: massiver Ziegelbau, verputzt
Grundriss: rechteckig, mit flach vortretendem Mittelrisalit auf der Straßenfront
Beschreibung: Rechteck mit gering vorspringendem Mittelrisalit, zweigeschossiger Wohnhausbau von acht Achsen unter Krüppelwalm- Mansarddach. Die beiden mittleren Achsen der Straßenfront treten flach als übergiebelter, dreigeschossiger Mittelrisalit hervor. Die Hauptgesimse und das rahmende Profil der Giebelschrägen auf Konsolen. Fenster-Sockel im umgebauten Schaufensterbereich des Erdgeschosses. Die späteren Ladeneinbauten beeinträchtigen stark die ursprüngliche Baustruktur.
Literatur: - BAIER/ENDE/OTTMANNS/TROST 1990, S. 241

Wohnhaus in Doberan, Markt 4.

Wohnhaus (um 1825)

Ort: Bad Doberan, Markt 4
Auftraggeber: privater Bauauftrag
Zeit: um 1825
Material: massiver Ziegelbau, verputzt
Grundriss: rechteckig
Beschreibung: dreigeschossiger Wohnbau von drei Achsen mit flachen Dreiecksgiebeln, der sich über alle drei Achsen erstreckt; zwei Rundfenster in der Mitte des Giebelfeldes; zwischen zweitem und drittem Geschoss ein stark ausladendes, reich profiliertes Gesims mit Giebel über einem auf Konsolen ruhendem Gesims. Die rahmenden Profile der Giebelschrägen werden von Konsolen gestützt. Im Erdgeschoss verfälschen spätere Ladeneinbauten den urspünglichen Zustand.
Seitenfassade: Das weit in die Tiefe des Grundstücks reichende Gebäude weist im Erd- und erstem Obergeschoss vier Achsen auf, während das zweite Obergeschoss – genau wie die beiden Geschosse darunter – ohne Fensterachsen auskommt und das Stockwerk von Beginn des (späteren?) Anbaus mit den vier Fensterachsen abschließt.
Literatur: - NIZZE 1936/2009, S. 54; - BAIER/ENDE/OTTMANNS/TROST 1990, S. 242

Carl Theodor Severin: Wohnhaus in Doberan, Markt 6.

Wohnhaus (um 1825)

Ort: Bad Doberan, Markt 6
Auftraggeber: privater Bürgerauftrag
Zeit: um 1825
Material: massiver Ziegelbau, verputzt
Grundriss: einfaches Rechteck mit flach vortretendem Mittelrisalit an der Straßenfront.
Beschreibung: Zweigeschossiger Wohnbau von neun Achsen mit flach vortretendem, dreiachsigen Mittelrisalit und einachsigen Seitenrisaliten. Beim Mittelrisalit sind die seitlich der Hauptachse liegenden Fenster schmaler gebildet. Über dem Traufgesims des Mittelrisalits eine Attika mit flachem Lünettenfenster.
Seitenfassade: vierachsig; spätere Ladeneinbauten verfälschen den ursprünglichen Zustand.
Literatur: - BAIER/ENDE/OTTMANNS/TROST 1990, S. 242

Wohnhaus in Doberan, Markt 14.

Wohnhaus (um 1825)

Ort: Bad Doberan, Markt 14
Auftraggeber: Privater Bürgerauftrag
Zeit: um 1825
Material: massiver Ziegelbau, verputzt
Grundriss: einfaches Rechteck
Beschreibung: Zweigeschossiges Wohnhaus (Traufenhaus) von sieben Achsen unter einem abgewalmten Mansarddach. Über der Mittelachse ein über drei Achsen sich erstreckendes Zwerchhaus mit großem, dreigeteiltem Lünettfenster in der Art antiker Theremenfenster. Die Eingangstür, zu der vier Stufen führen, liegt mittig über hohem Sockel.
Seitenfassade: vierachsig
Literatur: - Baier/Ende/Ottmanns/Trost 1990, S. 242

Schul- und Küsterhaus (1827)

Ort: Marlow, OT Rostocker Wulfshagen, Kirchstr. 13
Auftraggeber: Kirch- und Ortsgemeinde
Zeit: 1827
Material: Fachwerk
Grundriss: rechteckig
Beschreibung: Eingeschossiger siebenachsiger Fachwerkbau mit rohrgedecktem Krüppelwalmdach nach dem Entwurf bzw. unter Aufsicht von C. Th. Severin errichtet, der im Jahre 1827 mit Umbauarbeiten an der Kirche zu Rostocker Wulfshagen beschäftigt war. Über den benachbarten Türen zum ehemaligen Schulraum bzw. zur Küsterwohnung supraportenähnliche Aufsätze.
Innenräume: durch spätere Einbauten von Wohnungen nicht mehr im ursprünglichen Zustand erhalten.
Literatur:- BAIER/ENDE/OTTMANNS/TROST 1990, S. 481; - GROSCHANG 1999, S. 37

Gutshaus (um 1830)

Ort: Alt Karin, Gemeinde Carinerland im Landkreis Rostock
Auftraggeber: G. C. G. Rösener
Zeit: um 1830 (1948 abgerissen)
Material: massiver Ziegelbau, verputzt
Grundriss: rechteckig
Beschreibung: schlichter, eingeschossiger Bau von 15 Achsen mit mittlerem Giebel und Säulenvorbau über hohem, zum Hauptgeschoss abgesetztem Kellergeschoss. Die Hoffassade wird durch einen zweigeschossigen, dreiachsigen Mittelrisalit gegliedert, dessen flaches Giebeldreieck mit Lünettfenster sich vom zweiten Geschoss durch ein kräftiges, gestuftes Gurtgesims absetzt. Im Erdgeschoss ist der Mittelrisalit durch vier Säulen, die einen Balkon tragen, portikusartig ausgeprägt, während das Obergeschoss des Mittelrisalits durch ein großes Thermenfenster mit Fenstertür zum Balkon akzentuiert wird. Die jeweils zu drei Zweiergruppen gekuppelten Fenster des Hauptgeschosses ruhen auf Sohlbänken. Vier symmetrisch angeordnete Schornsteine auf dem Dachfirst des Mansarddachs mit Schopf gliedern zusammen mit den drei beiderseits des Mittelrisalits dreiecksartig angeordneten Fledermausgaupen die Dachzone. In der Mansarde jeweils zwei große Fledermausgaupen beiderseits des Mittelrisalits. Der Bau wurde abgerissen.
Seitenfassade: Fünfachsige, zweigeschossige Seitenfassade über hohem Kellergeschoss.
Innenräume: einfache Diele mit anschließendem Gartensaal, der mit farbigen Tapeten französischer Herkunft, die italienische Volksszenen zeigten, ausgestattet war. Die Decke des Gartensaales war in Grisaille ausgemalt.
Literatur: - DEHIO 1968, S. 163 (in der Art Severins), - POCHER 1990, Bd. 2, S. 3-4

Gutshaus (1830)

Carl Theodor Severin: Herrenhaus Nustrow, Seitenansicht

Ort: Nustrow, Gemeinde im Landkreis Rostock, Amt Tessin

Auftraggeber: E. J. von Schack

Zeit: 1830

Material: massiver Ziegelbau, verputzt

Grundriss: rechteckig

Beschreibung: Breitgelagerter Bau von 11:3 Achsen über hohem, leicht vorgezogenem und auf einem Granitsockel ruhendem Kellergeschoss, das durch ein umlaufendes Sockelgesims im steigenden Karnis abgesetzt ist. Die Hoffassade durch Neuverputzung und Beseitigung des rückseitig noch erhaltenen Kranzgesimses mit Zahnschnitt im Denkmalwert beeinträchtigt. Die beidseitig drei äußeren Achsen als Seitenrisalite leicht vorspringend. Deren Mittelachsen dienen jeweils im Erdgeschoss als Hauseingänge, die auf beiden Seiten jeweils durch eine einläufige Treppe, die zu einem vorgelagerten Altan führt, zu erreichen sind. Der eigentliche Haupteingang liegt jedoch rechts und führt über eine Halle zum Treppenhaus und zum linksseitig ausscherenden Querflur. Die dreiachsigen Seitenfassaden werden durch einen Blendbogen, der die gesamte Fassade erfasst und bis auf den Granitsockel durchgezogen ist, rhythmisch gegliedert. Die Horizontalgliederung des Baus nicht mehr ursprünglich. Sämtliche Fenster ruhen auf Sohlbänken aus geschliffenem Granit. Ein Krüppelwalmdach bedeckt den Bau. Das rückseitige Wirtschaftsgebäude vermutlich später angefügt.

Innenräume: Am rechten Eingang befindet sich noch die ursprüngliche Halle mit drei toskanischen Säulen. Im westlichen Gebäudeteil befindet sich der Festsaal, der mit Fabelwesen und einer Quadriga als Deckenmalerei verziert ist.

Literatur: - POCHER 1990, BD. 1, S. 61, 66-72; Bd. 2, S. 70-71; - KARGE 2018, S. 191-192

Herrenhaus (nach 1830)

Ort: Rosenhagen, Gemeinde Satow im Landreis Rostock
Auftraggeber: Familie des dänischen Kammerjunkers Cord Peter von Restorff
Zeit: nach 1830 (angeblich 1836)
Material: massiver Ziegelbau, verputzt
Grundriss: Rechteck mit beidseitig vorspringenden Risaliten
Beschreibung: Breitgelagerter, eingeschossiger Bau von neun Achsen über hohem, durch unprofiliertes Sockelgesims angesetztem Kellergeschoss mit hohem Krüppelwalmdach. Auf der Hofseite führt eine breite Freitreppe mit Treppenwangen zum flach vorspringendem dreiachsigen zweigeschossigen Mittelrisalit, dessen kräftig ausgebildeter Dreiecksgiebel fast bis zur Firsthöhe des Daches reicht. Die Eingangszone des Erdgeschosses wird durch eine Vorhalle gebildet, die aus zwei mauerbündig eingestellten Säulen dorisch-toskanischer Ordnung besteht, der eine dreiteilige, hochrechteckige Tür-Fenster-Gruppe vorgeblendet ist. Ein architravartig wirkendes Gesims trennt deutlich das Untergeschoss vom Obergeschoss. Das stark akzentuierte Giebeldreieck des Mittelrisalits wird durch kräftig profilierten Zahnschnitt im Sima und Geison sowie durch ein großes gedrücktes Lünettenfenster belebt. Die Außenachsen des Baus treten als flache Risalite hervor, so dass der Gedanke der barocken Trikliniumsanlage in optisch stark abgeschwächter Form noch immer in Erscheinung tritt. Die Gartenfassade zeigt gegenüber der Hoffassade eine analoge

Gliederung, allerdings unter Verzicht der Vorhalle. Die Gliederung der zweigeschossigen Seitenfassaden erfolgt in erster Linie durch einen im Verhältnis 1:2:1 flach hervortretenden Mittelrisalit, der im Erdgeschoss ein und im Obergeschoss zwei Fenster aufweist. Überdies ist in der Außenachse ein der Dachschräge folgendes Dreiecksfenster zugeordnet.

Literatur:- POCHER 1990, BD. 1, S. 61-62; BD. 2, S. 97-98; - GÜNTHER 1995, S. 25; - KARGE 2018, S. 228

Wohnhaus (um 1825)

Ort: Doberan (ohne Straßenbezeichnung)
Auftraggeber: privater Bürgerauftrag
Zeit: um 1825, nach 1907 abgerissen
Grundriss: rechteckig
Beschreibung: Zweigeschossiger Wohnbau über neun Achsen mit gering vorspringendem Mittelrisalit zur Betonung der Mittelachse, die, begrenzt von seitlichen Pilastern, im Erdgeschoss durch eine Tür mit zwei Seitenfenstern und im Obergeschoss durch ein dreiteiliges Thermenfenster gegliedert wird. Über profiliertem Dachgesims eine niedrige Attika mit flachem, unverziertem Dreiecksgiebel .
Literatur: SCHULTZE-NAUMBURG 1907, Abb. 7

Georg Carl Birkenstädt: Seebad Doberan vom Jungfernberg aus gesehen, kolorierte Lithographie um 1824.

Teehäuschen oder Tempel (Belvedere)

Ort: Bad Doberan, Jungfernberg
Auftraggeber: vermutlich Herzog Friedrich Franz I.
Zeit: Anfang 19. Jahrhundert/ (vermutlich wurde der Bau noch 1799 von Johann Christoph Heinrich von Seydewitz errichtet, doch spicht dessen Gestalt, die verwandte Züge mit Severins Bauten auf dem Kamp aufweist, eher für den Letzteren als Baumeister)
Material: massiver Ziegelbau, verputzt
Grundriss: Quadrat
Beschreibung: Eingeschossiger, würfelförmiger Pavillon mit hohem Zeltdach über quadratischem Grundriss mit allseits mittig angeordneten, sprossenverzierten Rundbogenfenstern bzw. –tür.
Literatur: - DRESEN 1834, S.67-68; - KORTÜM 1858, S. 51; - PRIGNITZ 1986, Taf. V, VII; - VOGEL 1997, S. 96; - KIRCHNER/BAUMGART 1999, S. 22; - VOGEL 2014, S. 65

Verschollene Pläne Carl Theodor Severins

Plan für ein Museum

Ort: Rostock
Auftraggeber: Magistrat von Rostock
Zeit: nach 1815
Material: nicht ausgeführt
Literatur: - PAROW-SOUCHON 1927, S. 39 (signiert: C. T. Severin junior, mithin wohl vom Neffen Carl Severin gezeichnet?); - GEHRIG O. J., S. 543; - QUODBACH 1984, S. 43

Plan zur städtebaulichen Gestaltung des Rostocker Hopfenmarktes

Ort: Rostock
Auftraggeber: Magistrat von Rostock
Zeit: nach 1815
Material: Nicht ausgeführt
Literatur:- GEHRIG O. J., S. 543; - QUODBACH 1984, S. 43

Glossar

Annex (lat.): Zubehör, Anhängsel, Nebenraum, Nebengebäude
Architrav (von ital. Architrave aus griech. archi-: Ober-, Haupt-, und lat. trabs Balken): horizontaler Abschlussbalken meist über einer Säulen- oder Pfeilerreihe
Arkade (lat., ital., frz.): von Säulen oder Pfeilern getragener Bogen
Assembly hall (engl.): Versammlungshaus
Atrium (lat.): Hauptraum, nach oben offener Raum des altrömischen Hauses; auch: Vorhof eines römischen Heiligtums
Attika (lat.): niedriger Aufbau, Schmuckwand, über dem Hauptgesims eines Bauwerks, meist zum Verdecken des Daches, dient sie oft der Aufnahme von Inschriften oder Plastiken
Castrum (lat.): rechteckig angelegter befestigter Platz bzw. Lager römischer Truppen
Derby (engl.): nach einem englischen Grafen benanntes Galopprennen, das jährlich zur Zuchtprüfung der besten dreijährigen Vollblutpferde eines Landes veranstaltet wird
Diele Wohnraum (Wohndiele) mit sichtbarem Treppenaufgang, danach auch Bezeichnung für den erweiterten Vorraum einer Mietwohnung
(Dorf-) Brink: ein mit Gras bewachsener Hügel; Ackerrain
Dorische Säulenordnung: Älteste der griechischen Säulenordnungen, die bereits im 7. Jh. v. Chr. im griech. Mutterland entstand und nach den Dorern, einem der Hauptstämme Altgriechenlands, benannt wurde. Die Säule steht ohne Basis auf dem Stylobat (Fläche, auf der die Säule aufsetzt). Der mit Kanneluren (vertikalen Furchen) versehene Säulenschaft verjüngt sich nach oben und zeigt eine deutliche Schwellung (Entasis). Am oberen Ende des Säulenschaftes markiert eine rundum laufende Einkerbung den Beginn des Säulenhalses. Darüber folgt das Kapitell, bestehend aus bauchig ausladendem Echinus (wulstartiges Polster) und quadratischer Deckplatte (Abakus).
Dorisch-toskanische Säulenordnung: Mischform aus beiden Säulenordnungen

Echinus (griech.: Igel, Seeigel): Polster, das zwischen der Deckplatte und dem Säulenschaft vermittelt

Ecklisenen (frz.): schmal hervortretende, vertikale Mauerverstäkung ohne Basis und Kapitell an den Ecken eines Bauwerks

Eingestellte Säulen: Säule, die genau in die Fluchtline einer Wand eingebunden ist

Eingezogene Vorhalle: Vorhalle eines Gebäudes, die in das Innere des Bauwerks eingezogen wurde

Empire: (lat., frz.): klassizistischer Kunststil des frz. Kaisserreichs unter Napoleon I.

Enfilade: (lat., frz.): Auffädelung, Aufreihung; eine Zimmerflucht, bei der die Türen an einer Achse liegen

Fledermausgaupe: Dachfenster, das eine geschwungene Erhebung in der Dachfläche bildet

Frontispiz: (lat., frz.): Frontgiebel, Giebeldreieck über dem Mittelrisalit eines Gebäudes

Galerie: (frz.): langer, gedeckter, seitlich offener Gang

Gaupe, Gaube: stehendes Dachfenster

Gebälk: in der antiken Architektur Gesamtheit von Balken (Architrav, Epistyl, Fries und Kranzgesims)

Geison: Kranzgesims einer dorischen Ordnung

Gesims: Sims, ein meist horizontales Bauelement, das eine Außenwand in einzelne Abschnitte gliedert

Helkologie: (lat.): Lehre von den Geschwüren

Interkolumnium: (lat.): Säulenabstand, gemessen von Säulenachse zu Säulenachse.

Ionische Säulenordnung: Griechische Säulenordnung der in Attika siedelnden Ionier. Im Gegensatz zur dorischen Säule hat die ionische Säule eine Basis, bestehend aus einer quadratischen Sockelplatte (Plinthe) und meist einer Hohlkehle (Trochilus) zwischen zwei Wülsten (Tori) von kreisförmigem Grundriss. Die ionische Säule ist schlanker als die dorische und ihr mit bis zu 24 Kanneluren versehener Schaft ist geschwellt, doch weniger stark verjüngt als der Schaft der dorischen Säule. Die Kanneluren sind hier durch Stege voneinander getrennt und schließen über der Basis und unter dem Kapitell halbrund ab. Charakteristisch für das ionische Kapitell sind die beiden Voluten, die über einem Wulstkörper miteinander verbunden sind.

Kanneluren: (aus griech.-lat. canna: Rohr), senkrechte konkave Rillen am Schaft eines Stützgliedes (Säule oder Pfeiler) der klassischen Ordnungen

Kapitell: (von lat. capitulum, bzw. capitellum: Köpfchen), oberer ausladender Abschluss einer Stütze. Das Kapitell vermittelt formal zwischen Stütze und Last

Kiosk: (pers., türk.) kleines, zeltartiges (oft offenes) Gartengebäude orientalischen Ursprungs

Krüppelwalmdach: Dach, bei dem nur der obere Teil des Giebels abgewalmt ist.

Laibung: schräg verlaufende Begrenzung (Gewände) einer Maueröffnung bei Fenstern und Portalen.

Lukarne: (frz.) Dacherker bzw. Zwerchhaus, ein über einer Fassade aufsteigender, nicht zurückgesetzter Dachaufbau, der von einem Zwerchdach (= Querdach, mit quer zum Hauptdach verlaufenden First) abgeschlossen wird. Im Gegensatz zum Zwerchgiebel hat die Lukarne/Zwerchach zwei senkrechte, seitliche Begrenzungen von mindestens einem Geschoss Höhe

Lünette: (frz.) „kleiner Mond"; Bogenfeld über Türen und Fenstern

Mansarddach: ein geknicktes Dach mit steiler Neigung im unteren Teil, benannt nach seinem Schöpfer, den frz. Baumeister Jules Hardouin Mansart (1646-1708)

Mausoleum: Name des Grabmals des Königs Mausolos von Halikarnass (gest. 352), dessen Bezeichnung auf alle monumentale Grabmalbauten übertragen wurde

Nereïden: (griech.) Meerjungfrauen; Töchter des griech. Meeresgottes Nereus und seiner Schwester Doris; insgesamt 50 an der Zahl, sind sie schöne Nymphen, die auf dem Grunde des ägäischen Meeres wohnen

Palladio, Palladianismus, palladianisch: Andrea Palladio (1508-1580); ital. Architekt der Spätrenaissance, nach dessen Werken ein ganzer Baustil benannt ist

Parkett: die vorderen Sitzreihen im Theater oder Kino

Pars pro toto: (lat.) ein Teil für das Ganze

Perikläische Propyläen: (griech.) Torbau eines meist von hohen Mauern umschlossenen griech. Tempelbezirks. Hier: die vom griech. Staatsmann Perikles (nach 500-429 v. Chr.) errichteten Propyläen auf der Akropolis zu Athen

Peristyl: (griech.) der von Säulen umgebene Innenhof antiker Bauanlagen (besonders Wohnhäuser)

Pilaster: (lat.) Wandpfeiler, besonders zur Betonung von Eingängen und Fenstern

Pleasure garden: (engl.) „Lustgarten", Vergnügungspark

Pleasure-ground: (engl.) Vergnügungspark; eigentlich: Rasenrabatte in einem Landschaftspark vor einem Schloss

Primus inter pares: (lat.): erster unter Gleichgestellten

Portikus: (lat.): eine von Säulen, seltener von Pfeilern getragene Vorhalle vor der Hauptfront eines Gebäudes

Risalit: (lat., ital.): aus der Flucht einer Fassade vorspringender Gebäudeteil.

Segmentgiebel: Giebel mit segmentbogenförmigem (flacher Bogen) Abschluss.

Serenissimus: (lat., ital.) „der Erlauchte"; ursprünglich Titel regierender Fürsten

Serliana: Bezeichnung für eine Anordnung von Fensteröffnungen, bei der ein mittlerer, von Säulen getragener großer Bogen von zwei seitlichen, schmäleren und niedrigeren Öffnungen begleitet wird; diese sind von einem Gebälk in Höhe des Bogenkämpfers begrenzt. Benannt nach dem ital. Architekten Sebastiano Serlio (1475-1554).

Sima: (griech.) Rinnleiste der dorischen und der anderen antiken Säulenordnungen.

Stehparterre: (frz.) ebener Teil des Zuschauerraums eines Theaters, hinter den Sitzreihen des Parketts.

Subordinationsprinzip des Barocks: grundlegendes Gestaltungsprinzip der Kunst des Barocks, wo sich alle Teile einem übergeordneten Hauptteil gestalterisch und strukturell unterordnen.

Toskanische Säulenordnung: eine der römisch-dorischen Ordnung ähnliche antike Säulenördnung der Römer, deren Schaft oft keine Kanneluren aber eine Basis hat. Unter dem Echinus liegt ein Halsring

Traufe: Saum; untere, waagerechte Begrenzung eines Daches

Triton: (griech.) Meergott, Seedämon

Trikliniumsanlage: (lat., griech.) Dreiflügelanlage eines (Barock-) Schlosses

Tympanon: (griech., latein.) (plastisch verziertes) Bogenfeld zwischen Türsturz und dem darüber befindlichen Bogen bzw. Giebelfeld eines antiken Tempels

Vauxhall: während des 18. Jahrhunderts berühmter Vergnügungspark in London; später allgemeine Bezeichnung für Vergnügungsparks

Vestibül: (lat., frz.) Eingangs-, Vor- und Treppenhalle; Vorflur; eigentlich: „Kleiderablage"

Villa suburbana: (lat.) „Landhaus in Stadtnähe"; antiker Gebäudetypus

Vitruvius: eigentl.: Marcus Vitruvius Pollio (geb. um 84 v. Chr.), römischer Architekt und Ingenieur, der die „De architectura libri decem" („Zehn Bücher über Architektur") verfasste.

Volutenkapitell: (lat.) schneckenförmig eingerollte Zierform des ionischen Kapitells

Walmdach: dreieckige Dachflächen an den Gestirnsseiten des Gebäudes, dessen Grundform eines Satteldaches bis zum Traufgesims abgeschrägt ist

Literaturverzeichnis (Auswahl)

Adamiak 1980: Josef Adamiak: Schlösser und Gärten in Mecklenburg. Leipzig 1980

Anonym 1785: Anonym: Untersuchungen über den Character der Gebäude; über die Verbindung der Baukunst mit den schönen Künsten, und über Wirkungen, welche durch dieselbe hervorgebracht werden sollen. Dessau 1785

Anonym 1823: Anonym: Reise eines Gesunden in die Seebäder Swinemünde, Putbus und Doberan. Berlin 1823

Baalk 1924: Arthur Baalk: Bemerkungen über die klassizistische Architektur Mecklenburg-Schwerins. In: Mecklenburg. Zeitschrift des Heimatbundes Mecklenburg. 19 / November 1924/3, S. 86-92

Badstübner/Becker/Stepansky/Trost 1975: Sibylle Badstübner, Beate Becker, Christa Stepansky, Heinrich Tost: Kunstdenkmäler der Bezirke Neubrandenburg, Rostock, Schwerin. Bildband. Berlin 1975

Baier 1964: Gerd Baier: Heligendamm. Leipzig 1964 (Baudenkmale 9)

Baier/Beyer 1970: Gerd Baier, Klaus G. Beyer: Deutsche Kunstdenkmäler. Ein Bildhandbuch. Leipzig 1970

Baier/Ende/Ottmanns/Trost 1990: Gerd Baier, Horst Ende, Brigitte Ottmanns, Heinrich Trost: Die Bau- und Kunstdenkmale in der DDR. Mecklenburgische Küstenregion. Mit den Städten Rostock und Wismar. Berlin 1990

Barth 1995: Matthias Barth: Mecklenburgische Residenzen. Landesfürstliche Repräsentationsarchitektur aus sieben Jahrhunderten. Leipzig 1995

Baumgart 1996: Andreas Baumgart: »... ein leichtes Gebäude in der Form eines Trichters«, in: Bad Doberaner Jahrbuch 1996, 3/1996, Dülmen 1995, S.113-119

Berger 1995: Günther Berger: Chinoiserien in Österreich-Ungarn. Frankfurt am Main, Berlin, Bern, New York, Paris, Wien 1995

Blücher 1829: Helmuth von Blücher: Chemische Untersuchung der Soolquellen bei Sülz im Grossherzogthum Mecklenburg-Schwerin, nebst einer Uebersicht der wichtigsten Gebirgsverhältnisse Mecklenburgs und Neu-Vorpommerns. Berlin 1829

Borchert 1992: Jürgen Borchert: Mecklenburgs Großherzöge 1815-1918. Schwerin 1992

BOTHE 1984: Rolf Bothe (Hrsg.): Kurstädte in Deutschland. Zur Geschichte einer Baugattung. Berlin 1984

BÖRSCH-SUPAN 1973: Helmut Börsch-Supan, Karl Wilhelm Jähnig: Caspar David Friedrich. Gemälde, Druckgraphik und bildmäßige Zeichnungen. München 1973

BRACKER 1997: Jörgen Bracker (Hrsg.): Bauen nach der Natur – Palladio: Die Erben Palladios in Nordeuropa. Ostfildern 1997

BRANDT 1925: Jürgen Brandt: Alt-Mecklenburgische Schlösser und Herrensitze. Berlin 1925

BOULLÉE 1987: Etienne-Louis Boullée: Architektur. Abhandlung über die Kunst. Edition: Beat Wyss. Einführung und Kommentar: Adolf Max Vogt. Zürich, München 1987

BÜLOW O. J.: Ernst von Bülow: Doberan und seine Geschichte. Doberan o.J.

CAMESASCA 1983: Ettore Camesasca (Hrsg.): Die Geschichte des Hauses. Leipzig 1983

COKE/BORG 2011: David Coke, Alan Borg: Vauxhall Gardens. A History. New Haven, London 2011.

CONNER 1979: Patrick Conner: Oriental Architecture in the West. London 1979

DEHIO 1968: Georg Dehio: Handbuch der deutschen Kunstdenkmäler. Bearbeitet von der Arbeitsstelle für Kunstgeschichte. Die Bezirke Neubrandenburg, Rostock, Schwerin. Berlin 1968

DELORME 1996: Eleanor P. DeLorme: Garden Pavilions and the 18th Century French Court. Woodbridge, Suffolk 1996

DOBERT 1920: Johannes-Paul Dobert: Bauten und Baumeister in Ludwigslust. Magdeburg 1920

DOEBLER 1919: Adolph Doebler: Heinrich Gentz. Ein Berliner Baumeister um 1800. Berlin 1919

DOLGNER 1971: Dieter Dolgner: Klassizismus. Leipzig 1991

DORNBLÜTH 1834: Alb. Ludw. Dornblüth: Darstellung der Medicinal-Polizei-Gesetzgebung und gesammter Medicinal- und Sanitätsantalten für den Civil- und Militairstand im Großherzogthume Mecklenburg-Schwerin. Schwerin 1834

DRESEN 1834: W. Dresen: Doberan und seine Umgebungen. Malerisch, geschichtlich und topographisch geschildert. Rostock 1834

ECKHARDT 1978: Götz Eckhardt (Hg.): Schicksale deutscher Baudenkmale im zweiten Weltkrieg. Eine Dokumentation der Schäden und Totalverluste auf dem Gebiet der Deutschen Demokratischen Republik. Band 1. Berlin – Hauptstadt der DDR, Bezirke Rostock, Schwerin, Neubrandenburg, Potsdam, Frankfurt/Oder, Cottbus, Magdeburg. Berlin 1978

EDELSTEIN 1983: T. J. Edelstein: Vauxhall Gardens. New Haven, Connecticut 1983

FACHHOCHSCHULE POTSDAM, STIFTUNG PREUßISCHE SCHLÖSSER UND GÄRTEN BERLIN-BRANDENBURG 1998: Fachhochschule Potsdam, Stiftung Preußische Schlösser und Gärten Berlin-Brandenburg 1998 (Hg.): Vom Schönen und Nützlichen. David Gilly (1748-1808)

FORSSMANN 1956: Erik Forssmann: Säule und Ornament. Studien zum Problem des Manierismus in den nordischen Säulenbüchern und Vorlageblättern des 16. und 17. Jahrhunderts. Stockholm 1956

FUCHS 1954: K. Fuchs: Sol- und Moorbad Sülze in Mecklenburg und die Rheumaheilstätte in Vergangenheit und Gegenwart. Rostock 1954 (3. Aufl.)

GARFS 1991: Joachim Garfs: Ein heiterer Platz der Freude. Die ungewöhnliche Geschichte der Kurparkanlagen von Bad Pyrmont. Detmold 1991

GEHRIG O. J.: Gehrig: Severin, Carl Theodor, in: Ulrich Thieme, Felix Becker, Hans Vollmer: Allgemeines Lexikon der bildenden Künstler von der Antike bis zur Gegenwart. Dreissigster Band. Leipzig o. J.

GILLHOF 1929: Johannes Gillhoff (Hrsg.): Mecklenburgische Monatshefte. 5/1929/7

GILLY 1799: Friedrich Gilly: Beschreibung des Landhauses Bagatelle bey Paris, in: Sammlung nützlicher Aufsätze und Nachrichten die Baukunst betreffend, 3/1799/I, S. 106-118 (Neuabdruck in: NEUMEYER 1997, S. 152-162

GROSCHANG 1994: Judith Groschang: Ausgewählte Bauten Carl Theodor Severins in Doberan-Heiligendamm. Ein Beitrag zur Bäderarchitektur des frühen 19. Jahrhunderts. Magisterarbeit, Universität Kiel, Kiel 1994

GROSCHANG 1999: Judith Groschang: Bäderarchitektur in Doberan-Heiligendamm. Die Bauten Carl Theodor Severins. Kiel 1999

GRÜNDEL 1997: Horst Gründel: 175 Jahre Galopprennsport in Bad Doberan – 175 Jahre Vollblutzucht in Deutschland. Rostock 1997

GRUNDMANN 2007: Friedhelm Grundmann: Carl Gotthard Langhans. (1732-1808). Ein Lebensbild und Architekturführer. Würzburg 2007

GRUNDNER/SKERL 2001: Thomas Grundner, Joachim Skerl: Heiligendamm. Rostock 2001

Günther 1995: Anja Günther: Baudenkmale. Ein Führer durch den Landkreis Bad Doberan. Teil 1. Bad Doberan 1995

Harksen 1993: Sibylle Harksen: Chinoiserie im Park von Sanssouci. In: Stiftung Schlösser und Gärten Potsdam-Sanssouci (Hg.): Das Chinesische Haus im Park von Sanssouci. Berlin 1993, S. 50-53

Heißel 1939: Sebastian Heißel: Geschichte der Stadt Bad Doberan. Wismar 1939

Heinz 1983: Werner Heinz: Römische Thermen: Badewesen und Badeluxus im Römischen Reich. München 1983

Hermanns 1996: Ulrich Hermanns: Mittelalterliche Stadtkirchen Mecklenburgs. Denkmalpflege und Bauwesen im 19. Jahrhundert. Schwerin 1996

Hermbstädt 1823: Siegesmund Friedrich Hermbstädt: Beschreibung und physikalisch-chemische Zergliederung der neu entdeckten Schwefel-, Eisen- und muriatischen Bittersalzquellen bei Dobberan und am Heiligendamm im Grossherzogthume Mecklenburg-Schwerin. Von Siegis. Friedrich Hermbstädt, der Arzneiwissenschaft und Weltweisheit Doctor, Ritter des Rothen Adler- und des Niederländischen Löwen-Ordens, Königl. Preuss. Geheimen und Ober-Medicinalrathe, Akademiker und ordentl. Öffentlicher Lehrer an der Universität zu Berlin etc. etc. Mit einem Titelkupfer 1823.

Hesse 1939/2009: Heinrich Hesse: Die Geschichte der Stadt Doberan. Doberan o. J. (1939) (Reprint Wismar 2009)

Hinrichs 1909: Walther Th. Hinrichs: Carl Gotthard Langhans ein schlesischer Baumeister 1733-1808. Straßburg 1909 (= Studien zur deutschen Kunstgeschichte, H. 116)

Hirschfeld 1785: C. C. L. Hirschfeld: Theorie der Gartenkunst. Bd. 5. Leipzig 1785

Hüls/Böttcher 1999: Wilhelm Hüls, Ulf Böttcher: Bäderarchitektur. Rostock 1999 (2. Aufl.)

Institut für Denkmalpflege 1990: Institut für Denkmalpflege (Hg.): Die Bau- und Kunstdenkmale in der DDR. Mecklenburgische Küstenregion. Berlin 1990

Jahnke 1993: Jürgen Jahnke: Pferderennen in Doberan. Die älteste Pferderennbahn Deutschlands zwischen Doberan und Heiligendamm, in: Mecklenburg Magazin. Regionalbeilage der Schweriner Volkszeitung und der Norddeutschen Neuesten Nachrichten. 1993, Nr. 15, S. 8-9

Karge 1993: Wolf Karge: Heiligendamm. Erstes deutsches Seebad. Gegründet 1793. Schwerin 1993

Karge 2018: Wolf Karge: Schlösser und Herrenhäuser in Mecklenburg. Rostock 2018 (2. überarbeitetete und erweiterte Auflage)

Kirchner/Baumgart 1999: Jörg Kirchner, Andreas Baumgart: Doberan und Heiligendamm. Architektur und Städtebau des ersten deutschen Seebades, in: DenkmalSchutz und DenkmalPflege in Mecklenburg-Vorpommern. 1966, Heft 6, S. 21-33

Klopfer 1911: Paul Klopfer: Von Palladio bis Schinkel. Eine Charakteristik der Baukunst des Klassizismus. Eßlingen a. N. 1911

Korszus 1993: Bernhard Korszus: Das Bagno in Steinfurt. In: Harri Günther (Hrsg.): Gärten der Goethezeit. Leipzig 1993

Kortüm 1858: August Kortüm: Das Doberaner Seebad. Der heilige Damm, seine Curmittel und ihre Verwendung. Rostock 1858

Koschke 1992: Raimund Koschke: Die Bildtapete „Amor und Psyche" im Doberaner Palais. In: Stier und Greif. Blätter zur Kultur- und Landesgeschichte in Mecklenburg-Vorpommern. Schwerin 1992

Krause 2000: Antje Krause: Samuel Gottlieb Vogel – der Vater des deutschen Seebades- Zum 250. Geburtstag, in: Bad Doberaner Jahrbuch 2000. 7/2000, Rostock 200, S. 77-80

Křížek 1990: Vladimír Křížek: Kulturgeschichte des Heilbades. Leipzig 1990

Kuhnert 1984: Reinhold P. Kuhnert: Urbanität auf dem Lande. Badereisen nach Pyrmont im 18. Jahrhundert. Göttingen 1984

Kürtz 1994: Jutta Kürtz: Badeleben an Nord- und Ostsee. Kleine Kulturgeschichte der Sommerfrische. Heide/Holstein 1994

Lammert 1964: Marlies Lammert: David Gilly. Ein Baumeistr des deutschen Klassizismus. Berlin 1964

Lange 1887: Ad. Lange: Das Ostseebad Heiligendamm bei Doberan in Mecklenburg. Seine Vorzüge als Seebad und Luftkurort, Lage, Naturschönheiten und Umgebungen. Geschichtliches. Berlin 1887

Lenz 1992: Marlies Lenz: Zur Geschichte des Bades Sülze. In: Jahrbuch 1992 des Heimatverbandes e.V. Ribnitz-Damgarten, 1992, S. 95-96

Lissok 1990: Michael Lissok: Die Rezeption altägyptischer Bauformen und Motive in der deutschen Architektur, Denkmal- und Sepulkralkunst zwischen 1760 und 1840. Diss. phil., Greifswald 1990

LISSOK 1997: Michael Lissok: Über die Anfänge der Baudenkmalpflege in Mecklenburg, in: Heimathefte für Mecklenburg und Vorpommern, 2/1997, S. 11-16

LORENZ 1919: A. F. Lorenz: Die Universitätsgebäude zu Rostock und ihre Geschichte. Rostock 1919

MALTZAHN 1893: Freiherr Julius Maltzahn: Erinnerungen und Gedanken eines alten Doberaner Badegastes. Rostock 1893

MAGER 1997: Johannes Mager: Bad Sülze. Geschichte der einstigen Saline und des Solbades im Norden Deutschlands. Kückenshagen 1997

MARTIN 1906: Alfred Martin: Deutsches Badewesen in vergangenen Tagen nebst einem Beitrage zur Geschichte der deutschen Wasserheilkunde. Jena 1906

MEBES 1920: Paul Mebes (Hrsg.): Um 1800. Architektur und Handwerk im letzten Jahrhundert ihrer traditionellen Entwicklung. München 1920

MECKLENBURG 1929: Adolf Friedrich, Hezog zu Mecklenburg: Die Rennen zu Doberan, in: Mecklenburgische Monatshefte 5/1929/7, S. 356-359

MELLINGHOFF/WATKIN 1989: David Mellinghoff, David Watkin: Deutscher Klassizismus. Architektur 1740-1840. Stuttgart 1989

MOHR/STENTZEL 2007: Frank Mohr, Gregor Stentzel: Heiligendamm. Historische Bilder. Selbstverlag Frank Mohr (Rostock?) 2007

MURANO/MARTON 1996: Michelangelo Murano, Paolo Marton: Villen in Venetien. Köln 1996

NERDINGER 1990: Winfried Nerdinger, Klaus Jan Philipp, Hans-Peter Schwarz (Hrsg.): Revolutionsarchitektur. Ein Aspekt der europäischen Architektur um 1800. München 1990

NEUMEYER 1997: Fritz Neumeyer (Hg.): Friedrich Gilly. Essays zur Architektur 1796-1799. Berlin 1997

NIZZE 1936/2009: Adolf Nizze: Doberan-Heiligendamm. Geschichte des ersten deutschen Seebades. Pritzwalk, Rostock 1936 (Neuausgabe Wismar 2009)

ONCKEN 1935: Alste Oncken: Friedrich Gilly 1772-1800. Berlin 1935

PAROW-SOUCHON 1927: Rudolf Parow-Souchon: Die bürgerlichen Bauten in Rostock und Güstrow in der Zeit von zirka 1750 bis 1850. Diss. phil. Rostock 1927

POCHER 1990: Dieter Pocher: Herrenhäuser und Gutsanlagen des Klassizismus im ehemaligen Großherzogtum Mecklenburg-Schwerin im zeitraum von 1800 bis 1850. Eine Studie zur Architektur des neunzehnten

Jahrhunderts. Diss. phil. Greifswald 1990; Bd. 1 (Textband); Bd. 2 (Anlagenband)

Prestel 1911: J. Prestel (Bearb.): Zehn Bücher über Architektur des Marcus Vitruvius Pollio. Bd. 2, Straßburg 1911

Prignitz 1977: Horst Prignitz: Vom Badekarren zum Strandkorb. Zur Geschichte des Badewesens an der Ostseeküste. Leipzig 1977

Prignitz 1986: Horst Prignitz: Wasserkur und Badelust. Eine Badereise in die Vergangenheit. Leipzig 1986

Prignitz 1993: Horst Prignitz: Paradiese der Badelust. Rostock 1993

Prignitz 1994/4: Horst Prignitz: Ein Geschmack, der zusammenzieht. Doberans zweites Bad., in: Mecklenburg Magazin. Regionalbeilage der Schweriner Volkszeitung und der Norddeutschen Neuesten Nachrichten.1994, Nr. 4, S. 12

Pries 1924: Johann Friedrich Pries: Die Baumeister Mecklenburgs und ihre Werke. In: Zeitschrift des Heimatbundes Mecklenburg. Mecklenburg, 19/Mai 1924/1, S. 1-20

Pückler-Muskau 1834: Hermann von Pückler-Muskau: Andeutungen ueber Landschaftsgärtnerei, verbunden mit der Beschreibung ihrer praktischen Anwendung in Muskau. Stuttgart 1834

Quodbach 1984: Karl Quodbach: Severin – ein Baumeister Mecklenburgs. In: Küstenbilder. Bd. 1, o. O.; o. J. (Rostock 1984), S. 39-44.

Reelfs 1984: Hella Reelfs: Friedrich Gilly. 1772-1800. Die Privatgesellschaft junger Architekten. Berlin 1984.

Riedel 1797: H[einrich] C[arl] H[einrich] C[arl] Riedel d. Ä.: Allgemeine Betrachtung über die Baukunst. In: Sammlung nützlicher Aufsätze und Nachrichten, die Baukunst betreffend. Berlin 1/1797/1

Riedel 1804/06: H[einrich] C[arl] Riedel: Sammlung architectonischer äusserer und innerer Verzierungen für angehende Baumeister und Liebhaber der Baukunst. Hefte I-V, Berlin 1804-1806

Röper 1808: F. L. Röper: Geschichte und Anekdoten von Dobberan in Mecklenburg. Nebst einer umständlichen Beschreibung der dortigen Seebadeanstalten und einem Grundrisse von Dobberan. Zur Belehrung für Fremde und Curgäste. Dobberan 1808 (2. Aufl.)

Rüsch 1997: Eckhart Rüsch: Baukonstruktion zwischen Innovation und Scheitern. Verona, Langhans, Gilly und die Bohlendächer um 1800, Petersberg 1997

Sachse 1835: J. D. W. Sachse: Medicinische Beobachtungen und Bemerkungen. Erster Band. Ueber Bäder, besonders in Beziehung auf die Seebäder bei Doberan. Berlin 1835

SACHSE 1843: J. D. W. Sachse: Einige geschichtliche Bemerkungen zu der Feier des fünfzigjährigen Bestehens des Doberaner Seebades. Rostock 1843

SCHMITZ 1914: Hermann Schmitz: Berliner Baumeister vom Ausgang des achtzehnten Jahrhunderts. Berlin 1914

SCHULTZE-NAUMBURG 1907: Paul Schultze-Naumburg: Kulturarbeiten. Band V, Kleinbürgerhäuser. München 1907

SEVERIN 1836/1839: Carl Theodor Severin: Gothische Rosetten altdeutscher Baukunst aus der Kirche zu Doberan, nebst deren Ansicht und geschichtliche Beschreibung. In IV Heften, deren jedes ungefähr 25 Rosetten auf 8 Blatt von bestem Schweitzer Royal Papier enthält, welchen die Ansicht der Kirche so wie deren geschichtliche Beschreibung beigegeben wird. Auf Veranlassung des Herrn Oberlandtbaumeister Severin zu Doberan gezeichnet vom Maler Nipperdey zu Potsdam. Lithographie und Verlag der J. G. Tiedemannschen Steindruckerei zu Rostock. (Rostock 1836 und 1839)

SIMON/BEHRENS 1988: Petra Simon, Margrit Behrens: Badekur und Kurbad. Bauten in deutschen Bädern 1780-1920. München 1988

SPARRE 1970: Rose-Marie Sparre: Die Entwicklung des ersten deutschen Seeheilbades Doberan-Heiligendamm von 1793-1969 – eine medizinische Studie. Diss. med. Rostock 1970

STAATLICHE MUSEEN ZU BERLIN 1980: Staatliche Museen zu Berlin (Hg.): Karl Friedrich Schinkel 1781-1841. Berlin 1980

STERNKIKER 2015: Edwin Sternkiker: Geheimnis um Mausoleum ist gelüftet. Erbbegräbnis im Pütnitzer Gutspark stammt von Carl Theodor Severin (1763-1836), in: Ostsee-Zeitung. OZ Lokal. Ribnitz-Damgarten und die Region vom 28. 12. 2015

STIFTUNG PREUßISCHE SCHLÖSSER UND GÄRTEN BERLIN-BRANDENBURG 2000: Stiftung Preußische Schlösser und Gärten Berlin-Brandenburg (Hg.): Paretzer Skizzenbuch. Bilder einer märkischen Residenz um 1800. München, Berlin 2000

STILLER 1822: Bildnisse mit Lebensdaten A-Z / gesammelt von Karl Christoph Stiller. Bd. 1-8 u. Supplement-Bände, Rostock 1822

STUTZ/GRUNDNER 2015: Reno Stutz, Thomas Grundner: Bäderarchitektur. Rostock 2015

Tetzner 1924: Robert Tetzner: Geschichte des Seebades Doberan, in: Zeitschrift des Heimatbundes Mecklenburg 4/1909/4, S. 95-108

Thielcke 1917: Hans Thielcke: Die Bauten des Seebades Doberan-Heiligendamm um 1800 und ihr Baumeister Severin. Dissertation TU Berlin. Selbstverlag des Autors. Gadebusch 1917

Thielcke 1918: Hans Thielcke: Karl Theodor Severin – ein Baumeister des Klassizismus, in: Die Denkmalpflege, 20 (1918), S. 37-40

Thielcke 1929: Hans Thielcke: Das klassizistische Doberan, in: Mecklenburgische Monatshefte, 5/1929/7, S. 347-351

Thieme/Becker o. J.: Ulrich Thieme, Felix Becker: Allgemeines Lexikon der bildenden Künstler von der Antike bis zur Gegenwart. Bd. XXVIII, Leipzig o. J. (1971)

Tilitzki/Glodzey 1984: Christian Tilitzki, Bärbel Glodzey: Die deutschen Ostseebäder im 19. Jahrhundert, in: Rolf Bothe (Hrsg.): Kurstädte in Deutschland. Zur Geschichte einer Baugattung. Berlin 1984, S. 514-536

Timm 2000: Werner Timm: Vom Badehemd zum Bikini. Bademoden und Badeleben im Wandel der Zeiten. Husum 2000

Vogel 1995: Gerd-Helge Vogel: Tendenzen früher Bäderarchitektur in Mecklenburg-Vorpommern. Das Problem des "Charakters" in der klassizistischen Baukunst. In: Bernfried Lichtnau (Hrsg.): Architektur in Mecklenburg und Vorpommern 1800-1950. Publikation der Beiträge zur kunsthistorischen Tagung, veranstaltet vom Caspar-David-Friedrich-Institut der Ernst-Moritz-Arndt-Universität Greifswald, 2.-4. Februar 1995, Steinbecker Verlag Ulrich Rose, Greifswald 1996, S. 248–260.

Vogel 1996: Gerd-Helge Vogel: Konfuzianismus und chinoise Architekturen im Zeitalter der Aufklärung. In: Die Gartenkunst 8/1996/2, S. 188-212

Vogel 1997: Gerd-Helge Vogel: Chinese-style Architecture in Mecklenburg-Schwerin, in: International Symposium ICOMOS-IFLA 1997: Landscape Heritage. September 7-12, 1997, Prague, Lednice-Valtice, Český Krumlov under the patronage of the Minister of Culture of the Czech Republic, p. 88-98

Vogel 2002: Gerd-Helge Vogel (Hg.): Friedrich Gilly (1772-1800). Innovation und Tradition klassizistischer Architektur in Europa. X. Romantikkonferenz 2000. Güstrow 2002

Vogel 2004: Gerd-Helge Vogel: Wunderland Cathay. Chinoise Architekturen in Europa – Teil 2. In: Die Gartenkunst 16/2004/2, S. 339-382

Vogel 2014: Gerd-Helge Vogel: Chinoise Architekturen in deutschen Gärten. Ein kleines Lexikon. Mitteilungen der Pückler Gesellschaft e. V., Berlin. Band 27 – Neue Folge – 2014, Weimar 2014

Vogel 1937: Hans Vogel: Deutsche Baukunst des Klassizismus. Berlin 1937

Vogel 1794: Samuel Gottlieb Vogel: Über den Nutzen und Gebrauch der Seebäder. Stendal 1794

Vogel 1797: Samuel Gottlieb Vogel: Ueber die bisherige Anwendung und Wirkung des Mecklenburgischen Seebades bey Doberan. Rostock 1797

Vogel 1798: Samuel Gottlieb Vogel: Zur Nachricht und Belehrung für die Badegäste in Doberan im Jahre 1798. Rostock 1798

Volckmann 1890: Erwin Volckmann: Heiligendamm. Eine Skizze. Rostock 1890

Weber 1978: Rolf Weber (Hg.): Johanna Schopenhauer. Ihr glücklichen Augen. Jugenderinnerungen, Tagebücher, Briefe. Berlin 1978

Webersinke 1999: Sabine Webersinke: Der großherzogliche Palaisgarten zu Bad Doberan, in: Bad Doberaner Jahrbuch 1999, 6/1999, Rostock 1999, S. 25-31

Wegner 1994: Reinhard Wegner: Nach Albions Stränden. Die Bedeutung Englands für die Architektur des Klassizismus und der Romantik in Preußen. München 1994

Winkler-Horaček/Reitz 2008: Lorenz Winkler-Horaček, Christiane Reitz (Hg.): Amor und Psyche. Eine Erzählung in zwölf Bildern. Rahden/Westf. 2008

Woods 1996: Mary Woods: Visions of Arcadia. European Gardens from Renaissance to Rococo. London 1996

Zedlitz 1834: L. Freiherr von Zedlitz: Balneographisches statistisch-historisches Hand- und Wörterbuch oder die Heilquellen und Gesundbrunnen Deutschlands, der Schweiz, Ungarns, Croatiens, Slavoniens und Siebenbürgens, Frankreichs, der Niederlande und die Seebäder an den Küsten der Nord- und Ostsee; ihre Lage, Besitzer, Einrichtungen, Eigenthümlichkeiten, Wirkungen, Lebensart, Vergnügungsörter, Theuerung oder Wohlfeilheit, ihre neueste Literatur und neueste Analysen. Leipzig 1834

200 Jahre Heiligendamm 1993: 200 Jahre Heiligendamm e. V.: (Hg.): Heiligendamm. Erstes deutsches Seebad. 1793-1993. Bad Doberan-Heiligendamm 1993

Sonstige Quellen

Mecklenburgisches Landeshauptarchiv Schwerin (MLHA)

MLHA, KAB X, Nr. 7885, Acta Carl Theodor Severin

MLHA, Acta Großherzogliche Bade Intendantur Doberan, Nr. 329 Bauten Doberan betr. Der Erbauung des Trichters auf dem Camp zu Doberan 1808.

Abbildungsnachweis

1) Brustbildnis von Friedrich Franz I., Großherzog von Mecklenburg-Schwerin, Kupferstich von B. Dobeck nach Zeichnung von Fischer, 91 x 77 mm, aus: Mecklenburischer Jubel-Almanach, Wismar 1835
2) Unbekannter Stecher: Bildnis des Hofrats Samuel Gottlieb von Vogel (1750-1837), Kupferstich in Punktiermanier (Wikipedia)
3) Mr. Haynes of York: A South West View of Scarborough, Kupferstich aus: Thomas Gent: History of Hull (Annales Regioduni Hullini) [1735] (Wikipedia)
4) Benjamin West (1721-1788): Bildnis des britischen Arztes Richard Russell (1687-1759), ca. 1755, Öl/Lw., 126 x 100,5 cm, Brighton and Hove Museums and Art Galleries (Wikipedia)
5) Frank William Woledge: Brighton. The Front and the Chain Pier Seen in the Distance, 1840, Graphit, Pinsel und Tusche, Wasser- und Deckfarben auf gewebtem Papier, Paul Mellon Collection, Yale Center for British Art. New Haven, Connecticut (Wikipedia)
6) Bildnis Samuel Gottlieb Vogel (1750-1837), Kupferstich, aus: STILLER 1822 (Wikipedia)
7) Carl Christian Seydewitz (1777-1857): Bildnis des mecklenburgischen Hofbaumeisters Johann Christoph Heinrich von Seydewitz (1748-1824), 26.10.1822, Öl/Lw., Privatbesitz (Wikipedia)
8) Johann Conrad Krüger (1733-1791) nach Johann Ludwig Strecker (1721-1799): Bildnis des Wissenschaftlers und Schriftstellers Georg Christoph Lichtenberg, Kupferstich um 1780 (Wikipedia)
9) Firma Poppel und Kurz in München nach der Zeichnung von Julius Gottheil (1810-1868): Doberaner Kirche (mit umgebender Parklandschaft), aus: Mecklenburgisches Album, hrsg. und verlegt von B. S. Berendson, Hamburg 1855-56, Blatt 27, 126 x 199 mm
10) Geyser nach Weitsch: Der Brunnenplatz zu Pyrmont mit dem Kuppelbau des Trinkbrunnens rechts, dem vor ihm liegenden Badebrunnen und dem „Fürstlichen Logierhaus“ links im Hintergrund. Leipzig 1784 (Repro aus: MARTIN 1906, S. 358, Abb. 151)

11) Bad Doberan: Das von Johann Christoph von Seydewitz von 1793-1796 errichtete Kurhaus am Doberaner Kamp. Postkarte (um 1900) (Archiv des Autors)
12) Das „Große Bade-Hotel“ (ehemals „Fürstliches Logierhaus). Postkarte (um 1900) (Archiv des Autors)
13) S(amuel) G(ottlieb) Vogel (1750-1837): Allgemeine Baderegeln. Zum Gebrauche für Badelustige überhaupt und diejenigen insbesondere, welche sich des Seebades bedienen. Stendal, 1817 (Titelseite) (Archiv des Autors)
14) Badeschaluppe des Seebades Doberan, 1794, Holzstich, aus: VOGEL 1794
15) Johann Christoph Heinrich von Seydewitz (1748-1824): Badehaus am Heiligen Damm, 1795-96, Holzstich, aus: VOGEL 1794
16) Das Amtshaus in Bad Doberan von Norden, erbaut von Johann Christoph von Seydewitz (1748-1824) (Foto 2018 vom Autor)
17) Johann Christoph von Seydewitz (1748-1824): Der Kammerhof in der Nienhagener Chaussee in Doberan (Foto 2018 vom Autor)
18) Unbekannter Künstler: Das Doberaner Münster mit dem Klosterpark, Farblithographie, aus: J. A. Gebhardt: Album: Doberan, Althof und das Ostseebad Heiligendamm. Doberan 1855 (Wikipedia)
19) Unbekannter Künstler: Der Buchenberg in Doberan, Farblithographie, aus: J. A. Gebhardt: Album: Doberan, Althof und das Ostseebad Heiligendamm. Doberan 1855 (Wikipedia)
20) Unbekannter Künstler: Der Jungfernberg in Doberan, Farblithographie, aus: J. A. Gebhardt: Album: Doberan, Althof und das Ostseebad Heiligendamm. Doberan 1855 (Wikipedia)
21) Unbekannter Künstler: Der Kamp in Doberan, Farblithographie, aus: J. A. Gebhardt: Album: Doberan, Althof und das Ostseebad Heiligendamm. Doberan 1855 (Wikipedia)
22) Johann Friedrich Frick (1774-1850) nach einem Gemälde von Janus Genelli (1761-1813): Der Kamp vor dem Logierhaus in Dobberan (sic!), 1801, Aquatinta, hrsg. von L. F. Susemihl in Rostock und G. & F. Weiß in Berlin
23) Ruine der Wolfsscheune am Doberaner Klostergarten (Foto 2018 vom Autor)
24) Unbekannter Künstler: Der Heilige Damm um 1804 mit dem neu errichteten Badehaus, den Badehütten und den Badeschaluppen als Erstausstattung des Kurbades. Öl/Lw., 38 x 48,5 cm, Privatbesitz (Repro aus: MOHR/STENZEL 2007, S. 14)
25) Das Geburtshaus von Carl Theodor Severin (1763-1836) in Arolsen-Mengeringhausen und das Wappen der Familie Severin, Fotos vom Stadtarchiv Arolsen
26) Carl Theodor Severin (1763-1836): Selbstbildnis aus der Jugendzeit,

aus: NIZZE 1936/2009, S. 11

27) Carl Theodor Severin (1763-1836): Salongebäude in Bad Doberan. Außenansicht (Foto des Autors vom 7.8.2018)

28) Carl Theodor Severin (1763-1836): Salongebäude in Bad Doberan. Innenansicht (Foto des Autors von 2010)

29) Unbekannter Künstler: Ansicht des Badehauses und des Neuen Saales bei Dobberan an der Ost-See, ca. 1820/27, kolorierter Kupferstich. 90 x 140 mm

30) Giovanni Antonio Canal, il Canaletto: Vauxhall Gardens, the Grove and Grand Walk. Ca. 1751. Öl/Lw., Compton Verney, Warwickshire

31) C. Grignion nach Giovanni Antonio Canal il Canaletto: A View of the Canal, Chinese Pavilion and Rotundo in Ranelagh Gardens with the Masquerade, Kupferstich

32) G. W. Weise nach F. v. Schatzmann: Plan mit Randansichten „Plan du Bagno jardin Anglo Chinois au 6 lieus de Munster en Westphalie apartenant au Comte du St. Empire regnant de Bentheim Steinfort", 1793, Kupferstich, 475 x 630 mm, Privatbesitz, Foto des Autors

33) Unbekannter Künstler: Galopprennen in Bad Doberan. Um 1830, Kolorierte Lithographie, (Repro aus: GRÜNDEL 1997, Titelseite).

34) Carl Theodor Severin (1763-1836): Das Schauspielhaus in Doberan (Repro aus: NIZZE 1936/2009, S. 55)

35) Carl Gotthard Langhans d. Ä. (1772-1808): Fassadenansicht des Nationaltheaters auf dem Berliner Gendarmenmarkt, 1800. Zeichnung nach den Kopien im Preußischen Geheimen Staatsarchiv (Repro aus: SCHMITZ 1925, S. 180)

36) Carl Theodor Severin (1763-1836): Das Schauspielhaus in Doberan, Geometrische Straßen- und Seitenansicht, Grundriss und Querschnitt (Repro aus: THIELCKE 1917, S. 41)

37) Unbekannter Künstler: Das Grossherzogliche Palais zu Doberan. Vor 1842, Kolorierte Lithographie, 61 x 111 mm, aus: G. Ch. F. Lisch: Mecklenburg in Bildern.I. Jg. 1842, S. 46

38) Unbekannter Künstler: Das Großherzogliche Palais in Doberan, Gartenseite, um 1830, Kolorierte Lithographie. Privatbesitz, Foto des Autors

39) Unbekannter Künstler: Logierhaus, Salongebäude und Großherzogliches Palais von der Gartenseite, um 1815, Öl/Lw., 29 x 48 cm

40) Friedrich Gilly (1772-1800): Aufriss zum Hause Behrenstraße 62 (Palais Solms-Baruth) in Berlin, (Repro aus: SCHMITZ 1925, S. 48)

41) Heinrich Gentz (1766-1811): Die neue Münze am Werderschen Markt in Berlin. 1798-1800, (Repro aus: SCHMITZ 1925, S. 250)

42) Gartensaal mit Amor-und-Psyche-Tapete im Großherzoglichen Palais zu Bad Doberan

43) Carl Theodor Severin (1763-1836): Entwurf zu einem Mausoleum

für die am 1. Januar 1809 verstorbene Louise Herzogin von Mecklenburg-Schwerin, Gemahlin von Friedrich Franz I. (1756-1837), Feder, Tusche, Wasserfarben, 635 x 490 mm, Staatl. Museum Schwerin, Inv.-Nr. 2051 HZ (Foto: M. Lissok, Greifswald)

44) Nach August Achilles (1798-1861): Der Doberaner Kamp mit chinesischen Boutiquen und Pavillons, Lithographie, Staatliches Museum Schwerin (Foto: Staatliches Museum Schwerin)

45) Carl Theodor Severin (1763-1836): Der Trichter auf dem Kamp in Doberan (Foto 2018 vom Autor)

46) Wilhelm Barth (1779-1852): Das von David Gilly (1748-1808) errichtete Chinesische Haus mit Grotte und Infantenbrücke in Paretz, 1806, Gouache, 427 x 551 mm, SMPK, Berlin, Kupferstichkabinett (Repro nach einer Postkarte)

47) J. G. Schumann nach Friedrich Gilly (1772-1800): Partie vom Chinesischen Haus im Garten des Landsitzes des Königlichen Hofmarschalls von Massow zu Steinhöfel in der Churmark Brandenburg belegen, um 1797/99. Aquatinta, 370 x 495 mm, Berlin, SMPK (Repro aus: SCHMITZ 1925, S. 70)

48) Details von den Türen und Fenstern am Trichter in Bad Doberan, (Repro nach: THIELCKE 1917, S. 45)

49) Unbekannter Kartograf: Plan von Heiligendamm mit Lage des Seehospizes (Armenkrankenhauses), Nr. 17 auf der Legende, 190 x 261 mm, (Repro aus: KORTÜM 1858)

50) Fa. Poppel & Kurz nach Zeichnung von Julius Gottheil (1810-1868): „Salon und Logierhaus zu heilige Damm bei Dobberan“ (Empfangs-, Gesellschafts-, Tanz und Speisehaus in Heiligendamm), kolorierter Stahlstich, 125 x 197 mm, aus: B. S. Berendson: Mecklenburgisches Album. Hamburg 1855/56, Blatt 28

51) Basrelief am Badehaus in Heiligendamm mit Darstellung der Hygieia (Foto 2018 vom Autor)

52) Basreliefs am Badehaus in Heiligendamm mit Darstellung von Nereïden und Tritonen (Foto 2018 vom Autor)

53) Carl Theodor Severin (1763-1836): Das Badehaus (Die Colonnaden) in Heiligendamm, Postkarte um 1900

54) Carl Theodor Severin (1763-1836): Grundriss, Schnitt und Einzelheiten des Herrenbades in Heiligendamm sowie einer Ansicht des Verbindungsganges zum Kurhaus und Detailansicht von dessen Architrav (Repro aus: THIELCKE 1917, S.47)

55) Carl Theodor Severin (1763-1836): Anbau des neuen Ball- und Speisesaals in Bad Doberan (Foto 2018 vom Autor)

56) Carl Theodor Severin (1763-1836): Prinzenpalais in Bad Doberan, (Foto des Autors von 2010)

57) Carl Theodor Severin (1763-1836): Haus „Gottesfrieden“ in Bad

Doberan (Foto des Autors von 2010)

58) C. Birckenstedt: Doberan von der Wismarischen Landstraße aus, Verlag und Druck der Steindruckerei von J. T. Tiedemann, Rostock, (Foto: SSG Potsdam, Plankammer)

59) Carl Theodor Severin (1763-1836): Das Haus Medini in Bad Doberan (Foto des Autors, 2018)

60) Unbekannter Künstler: Das von Carl Theodor Severin entworfene Stahlbad in Bad Doberan, Lithographie um 1822/25 (Wikipedia)

61) Unbekannter Lithograph nach einer Zeichnung von J. Havemann: „Der Heilige Damm", um 1840, kolorierte Lithographie im Verlage der J. G. Tiedemann'schen Hof-Steindruckerei Rostock, 163x226 mm

62) Carl Theodor Severin (1763-1836): Gutshaus Körchow, 1822 (Foto: D. Pocher, Güstrow)

63) Carl Theodor Severin (1763-1836): Gutshaus Nustrow, 1830 (Foto: D. Pocher, Güstrow)

64) Carl Theodor Severin (1763-1836): Gutshhaus Repnitz (Foto: D. Pocher, Güstrow)

65) Carl Theodor Severin (1763-1836): Gutshaus Rosenhagen, 1836, Postkarte

66) Carl Theodor Severin (1763-1836) Gutshaus Alt-Karin (Foto vor 1945)

67) Carl Theodor Severin (1763-1836): Mausoleum bzw. Erbbegräbnis für die Familie Joachim in Pütnitz (1797/1800) (Foto vor 1945)

68) Carl Theodor Severin (1763-1836): Mausoleum bzw. Grufthaus für die Familie Friedrich Magnus Helms auf Ziesendorf, in Buchholz (1810)

69) Carl Theodor Severin (1763-1836): Neue Wache (Hauptwache) in Rostock (Foto des Autors, 2018)

70) L. Sachse nach Helmuth von Blücher: „Badehaus in Sülz". 1829, Lithographie, Frontispiz zu: BLÜCHER 1829

71) Plan von Doberan, 1843, aus: SACHSE 1843

S. 117) Grundriss des Salongebäudes, (erbaut 1801-1802), Anbau des neuen Saales (1819-1821), Repro aus: THIELCKE 1917, S. 40

S. 119) Schauspiel- oder Comödienhaus, Repro aus: NIZZE 1936/2009, S. 55

S. 121) Unbekannter Künstler: Das Großherzogliche Palais in Doberan, Farblithographie aus: J. A. Gebhard: Album: Doberan, Althof und das Ostseebad Heiligendamm. Doberan 1855

S. 123) Grundriss des Großherzoglichen Palais in Doberan, Repro aus: THIELCKE 1917, S.40

S. 125) Carl Theodor Severin (1763-1836): Entwurf zu einem Mausoleum für die am 1. Januar 1809 verstorbee Louise Herzogin von Mecklenburg-Schwerin, Aufriss, Durchschnitt, Grundriss, 1809,

Feder, Tusche, Wasserfarben, 635 x 490 mm, Staatliches Museum Schwerin, Inv.-Nr. 2051 Hz

S. 127 oben) Johann Gottfried Tiedemann (1803-1850) nach einer Zeichnung von Danert: Tableau von Doberan und dem Heiligendamm, Mitteltafel mit den chinoisen Pavillons auf dem Doberaner Kamp, um 1840 (Repro aus: PRIGNITZ 1986, Taf. V)

S. 127 unten) Modell der chinoisen Pavillons auf dem Kamp zu Bad Doberan, Stadt- & Bäder-Museum Bad Doberan (Foto des Autors, 2018)

S. 129) Neuer Musiktempel oder Musiksaal (1810-1812) (heute: Weißer Pavillon), Foto des Autors 2010

S. 132) Carl Theodor Severin (1763-1836): Anbau an die Kirche St. Paul zu Schwaan, Repro aus: HERMANNS 1996, S. 130

S. 133) Johann Carl August Richter (1785-1853): Ansicht des Neuen Saales bei Doberan an der Ostsee (Ausschnitt), vor 1827, kolorierte Radierung, Repro aus: PRIGNITZ 1986, Taf. VI

S. 137) Carl Theodor Severin (1763-1836): Schweifkuppel über dem Westturm der St. Marien-Kirche zu Ribnitz, Repro aus: HERMANNS 1936, S. 85

S. 138) Grundriss des Kurhauses und des Badehauses in Heiligendamm, Repro aus: THIELCKE 1917, S. 47

S. 140) Grundriss zum Prinzenpalais in Bad Doberan, Repro aus: THIELCKE 1917, S. 50

S. 142) Haus „Gottesfrieden“ (1823-1824) (Foto des Autors, 2010)

S. 143) Ansicht des aufgestockten Stahlbades in Bad Doberan, Postkarte um 1910

S. 144) Stahlbad im ursprünglichen Zustand (1825), Aufriss und Grundriss, Repro aus: THIELCKE 1917, S. 50

S. 146) Aufriss, Fassadenschnitt und Fassadengrundriss des Hauses Medini in Bad Doberan, Repro aus: THIELCKE 1917, S. 53

S. 147) Carl Theodor Severin (1763-1836): Wohnhaus am Kamp 13, ehemals Nr. 246, Foto von 1917, Repro aus: THIELCKE 1917, S. 54

S. 148 oben) Vorder- und Seitenansicht der Fassade sowie Grundriss und Querschnitt Haus am Kamp 13, ehemals Nr. 246, Repro aus: THIELCKE 1917, S. 54

S. 148 unten) Vorderansicht, Fassadengrundriss und Fassadenschnitt des Hauses Alexandrinenplatz 1 (ehemals Alexandrinenstr. 5), Repro aus: THIELCKE 1917, S. 55

S. 149) Carl Theodor Severin (1763-1836): Wohnhaus Alexandrinenplatz 1 (Foto des Autors, 2018)

S. 151 oben) Carl Theodor Severin 1763-1836): Kleinbürgerliches Doppelhaus in der Kastanienstr. Nr. 4 und 6 in Bad Doberan (Foto des Autors, 2018)

S. 151 unten) Geometrische Vorder- und Seitenansicht, Grundriss und Schnitt des Doppelhauses Kastanienstr 4 und 6 in Bad Doberan, Repro aus: THIELCKE 1917, S. 55

S. 152) A. Schöder nach Georg Carl Birkenstaedt: Der heilige Damm von der Ostseite (mit Severins Belvedere), um 1830, Verlag und Druck Steindruckerei von Johann Gottfried Tiedemann (1803-1850) in Rostock

S. 154) Carl Theodor Severin (1763-1836): Gothische Rosetten altdeutscher Baukunst aus der Kirche zu Doberan. Rostock 1836/39, Taf. V., Lithographie

S. 156 oben) Carl Theodor Severin (1763-1836): Mausoleum in Pütnitz, Foto: Matti Blume, 6. April 2015, Wikipedia (DSC04875)

S. 156 unten): Carl Theodor Severin (1763-1836): Mausoleum bzw. Grufthaus für die Familie Friedrich Magnus Helms auf Ziesendorf in Buchholz, 1810, Repro aus: BAIER/ENDE/OTTMANNS/TROST 1990

S. 158) Carl Theodor Severin (1763-1836): Herrenhaus Körchow, altes Foto vor 1945

S. 161) Carl Theodor Severin (1763-1836): Kurhaus im Sol- und Moorbad Sülze, Postkarte 1905

S. 163) Unbekannter Künstler: Der Markt in Doberan mit den von Severin entworfenen Wohnbauten, Farblithographie, aus: J. A. Gebhard: Album: Doberan, Althof und das Ostseebad Heiligendamm, Doberan 1855

S. 164) Carl Theodor Severin (1763-1836): Wohnhaus (um 1825) in Bad Doberan, Markt 3 (Foto des Autors, 2018)

S. 165) Carl Theodor Severin (1763-1836): Wohnhaus (um 1825) in Bad Doberan, Markt 4 (Foto des Autors, 8.7.2018)

S. 166) Carl Theodor Severin (1763-1836): Wohnhaus (um 1825) in Bad Doberan, Markt 6 (Foto des Autors, 2018)

S. 167) Carl Theodor Severin (1763-1836): Wohnhaus (um 1825) in Bad Doberan, Markt 14 (Foto des Autors, 2018)

S. 168) Schul- und Küsterhaus (1827) in Marlow, OT Rostocker Wulfshagen, Kirchstr. 13 (Foto des Autors, 2018)

S. 170) Carl Theodor Severin (1763-1836): Herrenhaus Nustrow (1830), Seitenansicht (Foto D. Pocher, Güstrow)

S. 171) Carl Theodor Severin (1763-1836): Herrenhaus Rosenhagen (nach 1830) (Foto D. Pocher, Güstrow)

S. 172) Carl Theodor Severin (1763-1836) Wohnhaus (um 1825) in Bad Doberan (Foto: SCHULTZE-NAUMBURG 1907, Abb. 7)

S. 173) Georg Carl Birkenstaedt: Seebad Doberan vom Jungfernberg ausgesehen. um 1824, kolorierter Kupferstich, 130 x 166 mm